Mq. le faux titre qui se trouve
sur un exemplaire double. .

COUP-D'ŒIL

SUR

LES UNIVERSITÉS

ET

DE D'INSTRUCTION PUBLIQUE

DE L LLEMAGNE PROTESTANTE;

EN PARTICULIER

YAUME DE WESTPHALIE.

Par CHARLES VILLERS,

Correspondant de l'Institut national de France, de la Société
Royale des Sciences de Gœttingue, etc.

Homo, nihil humani à te alienum !

A CASSEL,

DE L'IMPRIMERIE ROYALE.

1808.

A SA MAJESTÉ
LE ROI DE WESTPHALIE.

SIRE,

La permission qu'a bien voulu ac-
corder Votre Majesté que cet écrit
parût sous Ses auspices, est une

iv

d'avoir beaucoup à conserver, et tout à perfectionner.

Je suis avec un profond respect,

SIRE,

DE VOTRE MAJESTÉ,

Le très-humble et très-obéissant serviteur,

VILLERS.

Lubeck, le 1er juin 1808.

CHAPITRE PREMIER.

Quiconque n'a observé que superficiellement les hommes, frappé de quelques traits principaux qui leur sont communs, soit en bien, soit en mal, est induit facilement à prononcer, qu'ils sont par-tout les mêmes. Mais une considération plus réfléchie fait apercevoir entre eux tant de différences essen—tielles, que bientôt, passant à un autre extrême, l'observateur serait tenté de les croire de nature et d'origine toutes diverses. Sans parler des nuances qui se trouvent entre les individus, et souvent dans une même famille, quels contrastes ne s'offrent pas, sur tout le globe, entre des nations et des races entières ? Il y a sans doute une distance infinie d'un anglais à un nègre, comme d'un français à un cal-mouck, d'un danois à un arabe. Il y en a même d'un normand à un provençal, d'un flamand à un basque.

Ces variétés tranchantes dans l'espèce, accom-pagnées de marques extérieures et visibles dans la configuration, la couleur, les manières ou le maintien, sont aisément saisies par les yeux les moins exercés. Combien sont plus difficiles à apercevoir et à apprécier les différences qui existent dans les dispositions intérieures des hommes, dans leur caractère moral, dans leurs idées, leurs passions, leurs habitudes, leurs penchants! On ne pénètre ces profondeurs de la nature humaine, qu'en y portant les regards les plus attentifs et les plus scrutateurs, et, cependant, c'est là que se manis-festent des oppositions et des dissemblances, plus fortes et plus multipliées que celles mêmes qui frappent à l'extérieur. Que l'on mette en présence un russe et un italien, un espagnol et un japonais; en supposant même qu'ils entendent la langue les uns des autres, combien ils seront éloignés de se comprendre, de se juger réciproquement! A l'exception des choses les plus communes de la vie, tout ce que dira, que pensera, que voudra l'un, sera pour l'autre une énigme inexplicable; la signification, le but, le motif de tout lui échappera. Ils n'apercevront d'abord, les uns dans les autres, qu'obscurités et incompréhensibilités : et certes, il ne faudra pas que ce soit des hommes doués d'un esprit ordinaire, si, après un certain temps d'étude réciproque, ils parviennent à une intelligence parfaite les uns des autres.

En effet, c'est un tissu si compliqué que celui des mœurs, des idées, et de tout le système intellectuel d'une nation, qu'en ne le considérant qu'au dehors et à sa surface, il est tout-à-fait impossible d'en démêler la construction et d'y rien reconnaître.

Il faut, pour acquérir une connaissance claire et distincte de ce mécanisme, le décomposer, l'examiner pièce à pièce, découvrir le jeu des principaux ressorts, et l'effet qui en résulte dans l'ensemble. Une telle opération entreprise et bien exécutée sur un peuple, fait voir que cette masse d'hommes, douée d'un tempérament propre à elle, d'une physionomie morale particulière, a encore été modifiée par une foule d'évènemens et d'institutions, par des principes, par des pensées dominantes qui ont passé à travers tous les siècles et toutes les révolutions; par le genre de son industrie et de son commerce, par le sol et par le climat; par la religion enfin, et par l'éducation nationale. C'est donc dans l'étude détaillée et philosophique de l'histoire politique, littéraire, religieuse d'une nation; dans celle de ses mœurs, de sa langue et de sa façon d'être, et c'est uniquement là que l'on peut puiser d'elle une notion précise et suffisante. De tant d'élémens et de tant de causes qui ont agi constamment durant une longue série de générations, est résulté, pour cette nation, un *caractère* général, qui s'est profondément empreint dans toutes les ames; un *esprit* qui s'est appliqué à toutes les formes et toutes les institutions; un *point de vue moral* d'où chaque chose est jugée, sentie, et reçoit son degré d'estime.

Il est donc évident qu'une différence légère dans les principes de l'institution primitive de deux nations, dans la direction originaire imprimée à leur activité, à leurs penchans, à leurs vues, produira à la longue, et durant leur développement successif, une divergence énorme dans l'esprit et le point de vue moral de ces nations, dans les buts qu'elles se proposent d'atteindre. Tyr, toute commerçante et élevée pour le gain, fut animée d'un autre esprit que Memphis, toute religieuse, occupée de mystères, de cérémonies et de prêtres : Athènes, organisée pour les arts et l'industrie, eut un autre point de vue et un autre but que Rome, organisée pour la guerre et la conquête. Afin de juger sainement chacun de ces peuples, il faut les connaître de la manière qui vient d'être dite, et se placer tout-à-fait dans son point de vue moral. Au contraire, l'individu d'une nation qui reste dans son propre point de vue, et considère de là une nation étrangère, doit voir tous les objets confondus, et porter les jugemens les plus bisarres. Tel ce soldat maure qui, chargé d'accompagner, sur la côte de Barbarie, notre célèbre naturaliste *Desfontaines*, le voyant ramasser, avec avidité, des pierres qu'il mettait dans ses poches, et des herbes qu'il plaçait dans son livre, conclut: « que dans le pays de cet « étranger, il n'y avait ni pierres, ni herbes. »

Et il n'est pas besoin d'aller à de si grandes distances pour trouver de ces contrastes nationaux.

Dès-lors que les idées premières, le tempérament, les goûts, la langue des deux peuples diffèrent; dès-lors que les évènemens qui composent leur histoire respective, les ont modifiés diversement, le contraste peut et doit avoir lieu. Les peuples de notre Europe, comme si souvent les fils nés d'une même mère, en offrent assez d'exemples. Les allemans du midi diffèrent de ceux du nord, sur-tout depuis trois siècles que la réformation a donné à ces derniers un autre culte et un autre intérêt politique et intellectuel. La dissemblance est encore plus marquée entre le caractère et le point de vue moral de ces allemans septentrionaux, et le caractère français. Il règne dans les vues, les penchans, la direction totale des uns et des autres, un contraste beaucoup plus essentiel qu'on ne peut se le figurer à la première vue.

L'état des choses étant tel, il est à peine besoin de remarquer, que pour peu que, d'une des deux parts, on soit enclin à quelque précipitation, il sera dangereux de porter un jugement trop hâtif sur la nation qu'on n'aura pas suffisamment observée; sur-tout s'il y a pour elle quelque différence peu avantageuse dans les dehors, auxquels on s'arrête volontiers. Un tel jugement, quand une fois il est adopté, favorise la paresse de l'esprit, et s'oppose à tout examen ultérieur. Cependant il ne peut être indifférent aux deux nations de se connaître réciproquement; il ne peut l'être aux français d'avoir des idées justes et saines sur un pays que tant de liens désormais unissent au nôtre ; aujourd'hui que notre auguste Chef a remplacé, en grande partie, l'ancien Chef de la confédération germanique, et que des Princes français règnent immédiatement sur des portions considérables de la nation allemande.

S'il est toujours d'une difficulté extrême de renoncer quelques instans à sa manière de voir et de sentir habituelle, à ses préjugés, à son point de vue moral, de se dépouiller de toutes localités, de ces maximes conventionhelles qu'on a sucées avec le lait, et qu'on prend si facilement pour des vérités éternelles et universelles : s'il en coûte un tel effort d'esprit pour passer ainsi d'un monde dans un autre, pour se prêter, de bonne foi et sans prévention, à un nouvel aspect de la vie, de ses buts, de ses besoins et de ses jouissances ; nous ne le dissimulerons pas, c'est sur-tout quand on s'impose sérieusement la tâche de connaître à fond un peuple dont les idées diffèrent foncièrement des nôtres.

Les directions originaires que peut prendre l'esprit de l'homme et celui des peuples à leur point de départ, sont très-divergentes, et, néanmoins, sont toutes dans sa nature. Ce que les écoles opposées de philosophie donnent comme des opinions concentrées et systématiques, n'est que la prononciation plus forte de dispositions communes à tous les humains. Il est des peuples tout

épicuriens dans leur direction ; il en est de tout
stoïques. L'un considère la nature au milieu de laquelle il est placé, comme un grand réservoir de
jouissances qui lui est donné pour y puiser; il
tourne toutes ses forces et son génie à s'en rendre
le maître, à s'en approprier les richesses, les délices ; et voilà ce qui décide la destination principale
de sa vie. L'autre, moins heureusement organisé
pour les sensations, ou bien placé au milieu d'une
nature moins riche, contracte une certaine indifférence pour des objets qui excitent l'intérêt de
l'autre, dirige l'activité de son esprit vers les jouissances exclusives de l'homme intérieur, de la
pensée solitaire, vers les trésors du monde intellectuel. Qu'il me soit permis, pour mieux me faire
entendre, de citer les deux extrêmes les plus tran-
chans de ces manières d'être diverses, et telles
même qu'on ne peut les rencontrer de nos jours. —
Quel essor diamétralement opposé a pris l'esprit
humain, dans le palais enchanté de *Sardanapale*,
ou dans l'humble maison de *Socrate!* Assurément,
l'homme couvert de pourpre et d'or, pour qui
l'architecte a élevé une somptueuse demeure ; pour
qui mille vaisseaux parcourent les mers, et pour
les goûts duquel tous les arts se sont épuisés, ne jet-
tera qu'un regard contempteur sur la cabane mes-
quine, sur les volets de bois et le manteau mo-
deste du fils de *Sophronisque;* et celui-ci, à son
tour, méprisant l'entourage de la grandeur et de

luxe, et perçant droit au centre de la noblesse intérieure, traitera, à la façon des grecs, l'homme à la pourpre de barbare. Et supposons que deux peuples aient reçu chacun originairement l'une de ces deux impulsions différentes, de telle sorte, non pas que l'un fût tout composé de *Sardanapales*, et l'autre de *Socrates*, ce qui est parfaitement impossible; mais que chez l'un, la tendance, la pente générale des esprits aille au perfectionne-ment et au rafinement de tout ce qui offre des jouis-sances, de l'éclat, de la puissance et du luxe, en un mot, de tout ce qui concerne l'homme exté-rieur, tandis que chez l'autre, les esprits seraient plus généralement dirigés vers tout ce qui con-cerne l'homme intérieur ; il est de toute évidence, qu'à la longue, ces deux peuples, marchant sur des voies si diverses, parviendront à un aspect tout différent de la vie, à un caractère, à un point de vue moral tout autre : ce qui sera important, con-sidérable pour le premier, ne le sera nullement pour le second ; ce qui sera prisé par l'un, sem-blera inutile à l'autre ; et ce qui sera dangereux pour celui-ci, sera sans aucun danger pour celui-là. Toutes les institutions qui doivent être adaptées aux mœurs et aux besoins locaux, qui doivent même en naître, prendront, d'une et d'autre part, cette empreinte du génie national. Il n'y a pas même jusqu'aux sciences et à la littérature qui n'y seront cultivées dans un autre esprit, et pour une autre fin. D'un côté, l'on s'appliquera plus aux sciences réelles et physiques, dont les résultats peuvent offrir une plus grande somme d'avantages pour les arts mécaniques et pour l'industrie, plus de conquêtes profitables faites par l'homme sur la nature. De l'autre côté, on accordera plus d'attention aux sciences spéculatives et morales; on s'attachera plus, par la force de l'intelligence, à pénétrer les secrets de la nature, qu'à en profiter. — Deux peuples, qui en seront venus à ce point, auront une peine infinie à s'entendre et à se juger. Tout différera chez eux; le système entier de la pensée d'une et d'autre part étant différent, la langue même, qui n'en est que le représentant, offrira une dissemblance pareille; et jusqu'aux expressions qui auront l'air de se traduire littéralement dans les deux idiomes, désigneront, si on y regarde de près, des objets tout différens. De ce mésentendu radical naîtra même, peut-être, le mépris si déplacé, l'antipathie réciproque qui ne doit appartenir qu'au vulgaire des nations, lequel n'est pas capable de s'élever à une hauteur d'où l'on juge en hommes toutes les choses humaines.

Ce caractère total d'une nation, ce produit de tant de siècles, d'évènemens, d'institutions, d'idées et de principes, gravés profondément dans les ames; quand le tempérament, le naturel de cette nation l'a confirmé, quand elle est parvenue, à son aide, à un haut point de maturité, et à une conscience claire de ce qu'il a développé en elle de bon et de louable; ce caractère ne se change plus facilement (1).

Il ne convient pas même de chercher à le changer, et d'entreprendre une œuvre, peut-être au-dessus de toutes les forces humaines. S'il était besoin, sur un point aussi clair, d'une autorité imposante, je m'appuierais de celle de *Montesquieu*, en plusieurs chapitres de son immortel ouvrage. Mais, en vérité, ceci est un axiôme qu'on aurait mauvaise grace à vouloir prouver. Il est tout évident aussi que les institutions d'un peuple ne peuvent toujours convenir à l'autre. Il n'y a de bonnes institutions, pour un peuple, que celles qui se modèlent sur sa vie; et la vie, chez l'un et chez l'autre, a pris une modification différente. Ici et là, les institutions provenant, comme des plantes, de la nature même du sol, ont leurs racines, pour ainsi dire, dans les entrailles du corps social; les en arracher produirait des déchiremens doulou-reux, qui laisseraient de longues et funestes suites; les nouvelles qu'on y implanterait, ne se ramifie-

____

(1) La nation allemande tient encore aujourd'hui à des usages, à des mœurs, à des principes, que *César* et *Tacite* ont déjà remarqués chez les vieux germains. En général, les peuples primitifs, et qui n'ont souffert que peu ou point de mélange, dont la langue est restée la même, conservent long-temps les mêmes mœurs.

raient point dans les mêmes canaux, languiraient
sur un sol et avec des sucs étrangers. Des collines
sèches ne produiront jamais du riz; l'olivier ne
prospérera point dans des vallées aquatiques.

Au règne de la nature morte, et à l'espace abs-
trait conviennent l'uniformité géométrique, la rè-
gle et le niveau. Mais la vie n'est point une abstraction; par-tout où elle se montre, elle a ses lois intérieures, sa force organisatrice en vertu de quoi
l'être doit pouvoir se former et se développer
librement. Le mécanisme extérieur, par lequel on
veut contraindre et dénaturer ce développement,
y exerce une violence pernicieuse. Notre siècle,
en général, a une tendance toute mathématique;
cela est très-bon en mathématiques, mais point ailleurs; il ne faut point que la partie veuille devenir
le tout, ni une science soumettre à elle tous les
aspects de l'univers. Nous sommes tourmentés de
cette manie d'unité et de conformité géométrique,
contre laquelle réclame tout ce qui est vivant et
organique. C'est la même idée, au fond, qui a
commandé le lit de *Procuste*, et le *nivellement*
de notre révolution. Le genre réglementaire, dans
les abus de son ambition, voudrait aligner toute
la nature au cordeau, et la réduire en comparti-
mens symétriques. Cette marche n'est pas celle
du souverain législateur. Qu'on jette les yeux sur
la création entière; tout y est variété, proportion
locale, grace, liberté. Depuis les millions de fleurs

diverses qui s'épanouissent en lignes ondulées, jusqu'aux groupes d'étoiles qui remplissent l'infini, tout annonce l'indulgence de la force suprême pour la nature de chaque être. Ses lois sont constantes; mais c'est précisément parce qu'elles sont bien au-dessus de cette symétrie visible. L'ordre consiste à ce que chaque chose soit ce qu'elle doit être. C'est une vue inférieure et bornée que celle qui prescrit à toutes choses une même forme ; l'ordre apparent qui en résulte, est un véritable désordre des principes. Cette uniformité factice offre, il est vrai, une classification commode à la tête d'un administrateur ; mais est-ce pour le soulagement d'une tête, quelquefois paresseuse, que l'univers doit être, bon gré malgré, jeté dans un même moule ? S'il n'y avait de crystaux que d'une seule figure, la minéralogie en serait bien plus facile ; mais le règne minéral n'est pas uniquement créé pour le minéralogue.

Revenons à l'objet particulier de cette introduction. L'Allemagne diffère de la France par des points placés à une profondeur qui rend cette différence difficile à expliquer, et le pays difficile à bien connaître. C'est pour nous autres français une sorte d'*Orient*, où tout nous est d'abord étranger et inintelligible, aussi bien dans la pensée que dans l'expression. Les allemans nous connaissent mieux, en général, que nous ne les connaissons.

ls sont de tous les Européens ceux qui observent, qui étudient le mieux les peuples étrangers, et qui leur rendent le plus de justice. Nous les voyons souvent s'efforcer avec nous de prendre nos manières, de parler notre idiome, d'entrer dans nos vues, en un mot, de se faire presque français pour nous donner plus de facilité à traiter avec eux. Dans cette attitude contrainte, ils semblent rarement ce qu'ils sont en effet, et doivent même nous apparaître sous un jour louche et gauche, qui achève de dérouter le jugement. Ce n'est pas ainsi qu'il convient de les étudier. Il faut observer l'allemand, quand il pense, parle et agit en allemand, dans son caractère national, dans les productions de son esprit, et dans son point de vue particulier.

Sous une apparence calme et simple, l'allemand, en général, possède un esprit cultivé qu'il cherche peu à faire valoir au dehors; une réflexion profonde; une faculté d'abstraction, qui, chez plusieurs, tient du prodige; une disposition religieuse qui adoucit l'ame; un ferme attachement aux principes du juste et de l'honnête, à ses devoirs d'homme et de citoyen, à ses usages, à ses lois, à son gouvernement.

Ce n'est pas ici le lieu de s'étendre sur l'ensemble des qualités bonnes ou mauvaises de la nation allemande, d'en peindre les différentes classes, et d'en livrer un tableau complet. Notre seul but doit être d'exposer quelle est la nature et la valeur de ces établissemens d'instruction publique, dans quel esprit ils sont constitués, comment ils réagissent sur celui de la nation ; quel rang ils occupent dans l'opinion, et lequel leur est dû dans celle de l'Europe.

La nation allemande a toujours été distinguée par ses lumières. Jusqu'au milieu des ténèbres du moyen âge, on y remarque du goût pour les études. L'abbé *Fleury* en fait la réflexion dans son troisième *Discours sur l'histoire ecclésiastique*, où déplorant l'état de dégradation où était tombée l'église, il dit : « L'ignorance croissant toujours, la corrup-
« tion vint au point où vous l'avez vue, après *Ni-*
« *colas I.* Ensorte que, pour relever l'église ro-
« maine, il fallut, vers le milieu de l'onzième siècle,
« y appeler des allemans mieux instruits, comme
« *Grégoire V* et *Léon IX.* » Dès que les scien-
ces et les lettres reparurent avec un nouvel éclat dans l'Europe, et que des grecs réfugiés en Italie y eurent réveillé le goût de l'érudition, de la philoso-
phie et de l'antiquité classique, l'Allemagne dont le commerce actif avec les villes de Lombardie rendait la communication si fréquente entre elle et la patrie de *Pétrarque*, se montra, dès l'abord, son émule, et s'efforça d'attirer à elle ces mêmes lumières qui faisaient la gloire de l'Italie. Elle pro-

duisit bientôt des hommes qui ont rendu aux lettres renaissantes les plus éminens services, et dont les noms, encore révérés dans l'Europe, sont couverts du même éclat que les plus illustres de ce temps en Italie et en France, *Thomas à Kempis* et son disciple *Agricola*, *Rodolphe Lange*, *Celtès*, *Reuchlin*, *Erasme*, et tant d'autres. L'imprimerie naquit dans son sein, qui, non-seulement devint l'arme la plus puissante contre la barbarie, mais fut encore une garantie suffisante contre toute possibilité de son retour en Europe. *Copernic*, dans la Prusse, rendit au systême du monde sa vraie forme; et *Kepler*, peu après, en calcula les lois. Dès lors les destinées de la science furent fixées en Allemagne. Les études, mais les études sérieuses, approfondies, abstraites devinrent l'objet d'une passion prononcée et constante de l'Allemagne, l'aliment nécessaire à la vigueur de son esprit.

Semblables encore en tant de choses à l'ancien germain, l'habitant actuel de ce vieux sol décrit par *Tacite* a, en effet, des besoins domestiques et intérieurs que nous n'avons pas. Fait sans doute pour l'état social, par son amour de l'ordre, par celui de ses lois et de ses chefs, il est moins fait pour ce que, par une assez remarquable singularité, nous appelons *la société*. L'allemand vit seul avec sa famille, et n'est jamais oisif chez lui. Comme le germain, il n'aime pas à bâtir sa maison tout près d'une autre. Cela est vrai à la lettre dans les campagnes. Au figuré, l'allemand n'a aucun sentiment de préférence pour les grandes villes; en somme, il paraît plutôt s'en éloigner par choix. Il reçoit quelquefois ses amis avec solennité; mais il ne recherche pas ces assemblées journalières, où plusieurs heures se perdent, et dont le souvenir ou les aventures portent la distraction dans les autres. Il ne consume nulle partie de son temps en visites oiseuses, qui n'ont pour but que de remplir des jours inoccupés. Il ne sait pas se passionner pour de petits intérêts de salon. Quel vide dans sa vie, s'il n'était rempli par autre chose!

Qu'on y ajoute le calme réfléchi, ou si l'on veut le flegme de l'allemand, qui le rend plus sédentaire; l'âpreté de son climat, qui le renferme chez lui une partie considérable de l'année, l'absence de mille plaisirs qui charment les jours du français dans sa capitale, dans ses grandes cités, sur tous les points de son beau et fertile pays, où le feu des vins, que boivent même les basses classes du peuple, semble avoir passé dans le sang de la nation. En Allemagne, non-seulement la nature offre moins de ces jouissances à l'homme, mais les arts qui les diversifient et les multiplient, ces arts d'un luxe journalier et sensuel y sont moins connus et moins estimés. La table y est frugale; les théâtres y

sont rares et peu perfectionnés. — A tant de pri-
vations, il faut des dédommagemens. Beaucoup de
distractions de moins laissent à l'allemand beaucoup de loisir de plus; et comme son caractère est
d'employer le temps, non avec une pétulante activité, mais avec une assiduité constante, il le consume à beaucoup lire, à beaucoup méditer. Toutes
ces circonstances réunies, et d'autres dont il sera
parlé, ont toujours entretenu en Allemagne l'amour
de l'étude, et celui-ci l'amour de la science et de
la vérité.

L'étude sérieuse et continue est donc en Allemagne un besoin indispensable, qui agit sur la
masse de la nation, particulièrement sur les classes
distinguées, avec une intensité telle qu'elle ne se
rencontre chez aucune nation de l'Europe. La
France possède, dans plusieurs genres, des génies
du premier ordre, des savans et des lettrés qui ho-
noreraient tous les pays; mais il faudrait bien
peu connaître l'Allemagne pour ne pas avouer,
que l'instruction solide y est beaucoup plus répan-
due que par-tout ailleurs, et que, proportion gar-
dée, on y rencontre un plus grand nombre d'hommes éclairés. Les savans illustres des autres pays y
sont même plus généralement connus et appréciés,
que dans les provinces de leur propre patrie, éloignées du centre; et l'on ne doit pas craindre
d'avancer que c'est là que nos *La Place*, nos
Cuvier, nos *Sacy* et nos *Sainte-Croix* ont une

des plus belles parties de leur réputation. L'Allemagne , en n'y comprenant pas l'Autriche , est
sans doute une des contrées les moins riches de
l'Europe ; convenons même que les classes les
plus riches n'y sont pas celles qui lisent le plus ;
et néanmoins c'est un fait statistique , qu'il s'imprime et se débite dans cette contrée, habitée peut-
être par quinze ou dix-huit millions d'individus seulement , plus de livres , sur-tout de livres sérieux et
scientifiques , plus de journaux littéraires et mieux
faits que dans tout le reste de l'Europe prise ensemble. L'ignorance , et sa sœur la mauvaise foi , pourraient bien objecter ici (comme cela est déjà arrivé) que tous ces livres sont mauvais. A cett
assertion ridicule , on ne peut opposer que le si
lence du mépris. Sans doute qu'il doit paraîtr
plus d'écrits médiocres en Allemagne que par-tou
ailleurs , parce qu'il en paraît davantage de tout
espèce ; mais il en paraît aussi de distingués et d'ex
cellens. Les douze mille écrivains que compte l'A
lemagne à peu près , ne sont pas tous des *G*
the , des *Jacobi* , des *Muller ;* mais , parmi eu.
il en est du premier ordre , il en est d'estimabl
et d'utiles , beaucoup plus que ne le pensent ce
taines gens qui n'en ont pas la plus légère notio
Si nous voulions comprendre en Europe , sous
nom de Mandarins , tous les hommes qui doi
nent sur leur siècle par la pensée , tous les vr
savans et les vrais lettrés , il est hors de doute

l'Allemagne en fournirait le nombre le plus imposant. Ce corps, des Mandarins de la Germanie, est
peut-être la corporation d'hommes aujourd'hui
existante la plus respectable, tant par son nombre
que par ses lumières, et dont l'humanité ait le plus
à se glorifier. — Cette vérité sera peut-être mieux
reconnue de la postérité que de nos contemporains.
On la proclame ici sans crainte. Elle ne trouvera
pas de contradicteurs parmi ceux dont le regard
embrasse tous les peuples civilisés, dont l'esprit
élevé sait franchir les bornes d'un pays, et vaincre
les petites séductions de l'amour-propre national.

Ce besoin d'études fortes et sérieuses, qui est
fondé dans le tempérament, dans la tournure d'esprit de la nation allemande, dans les mœurs et tous
les accessoires du pays, est devenu bien plus mar-
qué, bien plus indispensable encore, depuis la réformation, qui a séparé le nord de l'Allemagne de
la communion de Rome, et lui a donné un culte
fondé sur le seul évangile. Il faut avoir présente
l'histoire de cette grande et belle révolution, qui
datera bientôt de trois siècles, pour se faire une
idée distincte de l'influence qu'elle exerça sur le
génie de la nation au sein de laquelle elle s'exécuta.
Le joug de la hiérarchie était alors si pesant et si
intolérable (de cette hiérarchie qui forçait *Ga-
lilée* à rétracter des vérités géométriques, qui pro-
hibait et l'étude de langues anciennes, et la lecture des livres saints, qui ne voulait pas qu'on eût

des yeux pour voir ses scandaleux désordres, qui vendait le ciel aux peuples hébêtés, et se gorgeait des délices de la terre) que les plus ardens catholiques y désiraient un changement. Ce changement s'opéra, avec fermeté et précision, dans le nord de l'Allemagne. Ceux qui lisent l'histoire, de manière à en saisir le sens et les grandes leçons, découvriront assez pourquoi cette lutte positive de la lumière contre les ténèbres eut lieu ici plutôt qu'ailleurs ; car en fait d'évènemens graves, rien n'arrive guère que ce qui doit arriver. Quoiqu'il en puisse être, la réformation ne fut que la réintégration de la raison humaine dans ses droits, l'appel de la science contre l'ignorance au tribunal des rois et des peuples. Les rois et les peuples combattirent en commun pour cette belle cause, et ils la gagnèrent en plein, après un siècle et demi d'efforts. Il en est résulté, d'une part, une reconnaissance tendre et une confiance sans bornes des peuples envers leurs souverains ; et de l'autre, une estime impérissable, et chez les princes et chez les peuples, pour la science qui était devenue leur *palladium* et leur plus puissant auxiliaire. L'ouvrage qu'on avait consommé, ne pouvait plus se cimenter et se maintenir que par elle. Elle acquit donc dans les Etats protestans, l'importance d'un ressort politique, d'une force conservatrice. Par-tout ailleurs, elle fut un luxe louable, une parure de la société ; ici, elle fut un intérêt d'Etat, un garan du salut public, et le boulevart de la liberté des consciences. Le culte qu'on lui rendit, approcha d'une religion; la noble passion qu'elle inspira, fut une sorte de fanatisme.

On ne doit donc pas s'étonner si tout le système d'instruction publique acquit, chez les protestans, un haut degré de consistance et de considération nationale. On travailla dès-lors sans relâche à le perfectionner et à l'étendre. Sur-tout les premiers entre les établissemens scientifiques, les Universités, furent multipliées, richement dotées pour le temps, et revêtues de priviléges utiles et honorifiques. On leur donna une organisation nouvelle et plus parfaite, plus propre à répandre les lumières, et à favoriser l'accroissement des sciences dans leur nouvel état. Il paraîtra naturel que les sciences, qui sont en rapport avec la théologie et la philosophie (celles précisément qui concernent l'homme intérieur) y aient tenu un rang principal. La théologie prit une existence qu'elle était loin d'avoir auparavant. Dégagée d'une vaine scholastique, des superstitions, subtilités et pauvretés dont l'esprit monacal l'avait surchargée, elle devint une science des choses divines, qui répondit à ce noble titre. Elle enseigna le dogme évangélique dans sa simplicité, et la morale évangélique dans sa pureté; elle analysa, de la manière la plus savante, la plus intéressante; elle interpréta et expliqua les chartes antiques de la religion, les com-

para aux plus anciens monumens de tous les âges.
Elle écarta les obscurités et les erreurs qui cou-
vraient l'histoire ecclésiastique, c'est-à-dire, l'histoire entière de l'Europe pendant tant de siècles
que l'église y a exercé sa suprématie, même sur
les plus puissans souverains. Elle s'est occupée
beaucoup, sur-tout de l'instruction du peuple
et de la classe des agriculteurs; elle a su mêler la
raison aux préceptes divins; car la philosophie
ne joue pas un moindre rôle dans l'instruction publique. La théologie et elle se donnent la main,
et se prêtent réciproquement leur appui. Ici la
religion est philosophique, et la philosophie est
religieuse. On n'y voit pas ce divorce bisarre de
la raison divine et de la raison humaine : on y croit
généralement que celle-ci n'est qu'un reflet de la
raison suprême; mais qui porte son empreinte,
quand l'erreur la plus grossière n'en efface pas les
traits primitifs. Aussi la philosophie, tout comme
la théologie, sont-elles ici des choses qui n'ont absolument aucune ressemblance avec ce qui porte
ailleurs les mêmes dénominations. Il n'y a pas eu
ici, pendant deux siècles et demi, de rusés jé-
suites chargés de l'instruction publique, pour cul-
tiver, il est vrai, d'une manière très-brillante,
les lettres profanes, mais pour porter en même
temps la confusion, le dégoût et l'obscurité dans
le reste, et détourner les esprits d'une religion où
ils ne voulaient pas qu'on vît clair. Leur perni-

cieux travail, par-tout où on leur a confié le soin
de façonner les esprits, a produit des fruits amers ;
combien d'idées ont été faussées par eux, qu'il
faudra de longs siècles pour redresser !

C'est un état de choses bien étrange, que celui où
la philosophie et la religion sont en présence comme
des ennemies acharnées, qui n'aspirent qu'à se dé-
truire, où ces deux filles du ciel sont devenues des
chefs de parti ; l'une tonnant en chaire contre l'autre,
et celle—ci répondant dans ses livres : *Ecrasez
l'infame !* — Où chez les uns la science du théologien passe pour ridicule ; chez les autres, le titre
de philosophe pour une injure. D'où résulte à la
longue, parmi le public impartial, l'indifférence et
l'éloignement pour ces branches, d'ailleurs si belles,
de l'arbre du savoir. Cet état dépravé de l'intelligence, dans ses plus nobles fonctions, est un des
phénomènes les plus singuliers qu'offrent l'histoire
de l'esprit humain.

Il faut donc que l'on sache, pour ne pas se
tromper sur la valeur des termes et des choses, que
cet état contre nature n'a point lieu en Allemagne.
Que la philosophie, aussi bien que la religion, y
enseignent à l'homme ses devoirs : celle-ci, comme
la volonté de l'Être des Êtres ; celle-là, comme
les lois fondamentales qui constituent l'essence de
la raison. Habitué, depuis trois siècles, aux idées

les plus libérales de droits des peuples et des souverains ; habitué à les classer convenablement, à les voir sous leur vrai jour , le paisible allemand ne peut y voir des idées perturbatrices de l'ordre public. Ce qui est ailleurs une arme à feu, dangereuse dans des mains inhabiles , est entre les siennes un ressort bienfaisant de félicité publique. Il tient d'autant plus à son prince, au système établi du gouvernement , qu'il le considère comme le protecteur de la liberté civile.

Les sciences spéculatives , nécessaires à des têtes qui méditent, sont donc enseignées avec le même soin que les sciences réelles , historiques et expérimentales dans les universités de l'Allemagne protestante. Ces magnifiques établissemens, qui disséminent et propagent les lumières , dans un pays privé d'une grande capitale où elles pourraient se réunir en un foyer, sont devenus , toujours en proportion croissante, l'orgueil et l'amour de la nation, l'objet des soins et de la protection des hommes d'Etat, celui de la faveur et de la prédilection des princes. C'est d'eux que nous allons traiter, autant en détail que le pourra permettre la brièveté prescrite à cet ouvrage.

CHAPITRE SECOND.

L'INSTRUCTION , qui doit élever l'homme à toute sa dignité , qui doit former pour tous les états de la société des sujets capables d'en bien remplir les fonctions; l'instruction, qui distingue éminemment les peuples civilisés des barbares , est un des objets les plus dignes, et le plus digne peut-être de l'attention des gouvernemens. Lui donner une organisation convenable à l'esprit local, et capable plutôt d'accroître les lumières que de les diminuer, est donc un des premiers devoirs de ceux à qui la providence a confié la conduite des peuples (1).

(1) Les fondateurs des plus grands empires sont ceux qui ont le mieux senti l'importance de ce devoir. *Charlemagne* a établi dans le sien une foule d'écoles, dont quelques-unes même se sont soutenues jusqu'à nous ; il en avait une dans son propre palais , aux leçons de laquelle il assistait régulièrement ; ce grand prince était un homme de lumières dans un siècle de ténèbres. Les premiers Califes Abbasides cherchèrent aussi à faire fleurir les sciences parmi les arabes ; et l'on vit plusieurs de ces puissans monarques sortir de leur palais de Bagdad , portant un livre sous le bras , pour fréquenter les écoles qu'ils avaient instituées. On a des preuves assez récentes et assez multipliées de l'attention particulière que l'Empereur des Français donne aux établissemens d'instruction publique. Pendant tout le cours de la guerre , il a protégé Gœttingue et les autres Universités de l'Allemagne. Les grands hommes

La nature fait naître tous les hommes égaux.
Mais au sortir de ses mains, entrant dans l'édifice
social, il. y trouvent rangés par étages; et là commence une inégalité qu'il n'est pas donné même
aux formes les plus républicaines de faire disparaître. Tout ce que peut la meilleure législation, c'est
d'assurer à chacun un droit égal aux yeux de la
loi et devant la justice publique. Hors de là, toutes les relations sociales sont le produit de l'inégalité. Les citoyens, depuis les temples de la religion et les conseils du prince, jusqu'à la cabane du
laboureur, sont appelés à des fonctions si diverses,
que l'instruction préparatoire, dispensée à tous par
l'état, doit être diversifiée en degrés analogues.

C'est par le travail de tous ses membres que la
société se soutient et prospère. Or, ce travail est
divisé en deux sections bien distinctes : celui du
corps et celui de l'esprit ; celui qui exige l'action
des forces physiques, celui qui exige l'action des
forces intellectuelles. De là les deux grandes sections
de tout peuple civilisé : la classe qui travaille de
ces bras, et celle qui travaille de la tête ; la partie
technique, et la partie *scientifique*. De là dérive
la nécessité de deux départemens distincts dans
l'instruction publique. Il en faut un pour la classe

---

qui unissent le génie à la puissance, trouvent qu'on ne fait
jamais assez pour la culture morale et intellectuelle des peuples, cette couronne de la vie sociale.

travailleuse et industrielle; un autre pour la classe pensante et dirigeante.

Cette idée fondamentale a présidé à l'organisation de l'enseignement dans presque tous les états de l'Allemagne. Il y a des écoles pour le peuple; il y en a pour les classes destinées aux professions plus élevées.

ECOLES DU PEUPLE.

Le peuple se partage aussi en deux sections, dont la destination respective est très-différente, et qui, par conséquent, demandent une instruction diversement modifiée; c'est le peuple des villes, et celui des campagnes; le bourgeois et le paysan.

Il est beaucoup d'écoles primaires, sous des dénominations différentes, pour les habitans des villes et pour ceux des campagnes. Les objets d'instruction communs aux uns et aux autres, sont les préceptes de la *religion* (1), la *lecture*, *l'écriture*,

---

(1) Les pasteurs et les ministres sont les surveillans naturels de l'enseignement religieux, qu'ils administrent souvent, et auxquels ils président toujours. C'est d'eux que, chaque année, les enfans arrivés à l'âge de la confirmation et de la communion, reçoivent l'instruction qui dure au moins six mois. Plusieurs pays protestans ont des *catéchismes* qui sont des modèles en ce genre. Le *petit* catéchisme de *Luther* en est un lui-même, en y adaptant quelques modifications que prescrit l'esprit de notre temps, lequel ne ressemble pas trop au sien.

les premiers élémens du *calcul*, ceux du *chant* de l'église, la connaissance de leurs *devoirs*, une teinture des *lois* et de l'*histoire* de leur pays.

On y ajoute, pour les enfans des citadins, quelque chose de plus dans l'*écriture* et le *calcul* (dont ils ont plus de besoin, pour tenir leurs comptes, comme artisans, etc.) un peu de *dessin*, afin de leur donner de la facilité et du goût dans l'exercice des arts mécaniques, et quelques autres notions élémentaires.

Quant aux villageois, on s'applique à leur faire connaître un peu plus les objets principaux des *trois règnes de la nature*, ceux qui s'offrent le plus journellement à leurs yeux, de leur donner quelques idées saines sur l'*agriculture* et ses diverses méthodes; sur le *soin des troupeaux*, sur la *température*, et les élémens d'une physique simple à leur portée, afin de les détourner d'idées superstitieuses, souvent aussi nuisibles à leur santé qu'à leur esprit.

On y a joint, en beaucoup de lieux, des écoles dites d'*industrie*, où l'enseignement de *religion*, de *morale*, etc. est continué, mais dont la destination particulière est de former les élèves des deux sexes aux *ouvrages manuels*, aux divers *métiers*, ou les rendre propres à des travaux de grandes *manufactures*, dans les pays où il s'en trouve. Il est de ces écoles où le travail journalier des élèves suffit déjà à leur entretien.

Enfin, les écoles supérieures, en cette partie, sont celles qu'on a destinées à finir l'instruction des fils de la bourgeoisie, qu'un peu plus d'aisance appelle à d'autres professions ; et qu'à cause de cela on nomme vulgairement écoles *bourgeoises*. L'enseignement s'y renforce de *grammaire*, d'élémens de *mathématiques* et de *physique*, de *dessin*, de *géographie* et d'*histoire*, d'une idée générale du *commerce* et des procédés de l'*industrie*. On y apprend quelques *langues vivantes*, et en particulier le *français* ; quelquefois même les directeurs de ces écoles y ajoutent le *latin*, et d'autres connaissances, peut-être trop ambitieuses pour le genre d'élèves à qui elles sont appliquées.

Il y a pour toutes ces écoles une foule de *livres élémentaires*, parmi lesquels il s'en trouve d'excellens et de parfaitement conformes au but, de manière qu'il n'y a sur ce point que la difficulté du choix. L'Allemagne est en général fort riche en bons écrits pour l'enfance et pour le peuple. Les gravures n'y sont point épargnées, quand les objets demandent à être représentés aux yeux, comme ceux de l'histoire naturelle, ou les outils des divers métiers. Ceux des écoles les plus inférieures

de la campagne et des villes, se nomment *Fibles*.
C'est un ouvrage très-important qu'une bonne Fible.
On y trouve depuis l'alphabet jusqu'à de petites
règles de morale, de diète domestique, d'agriculture, et d'autres instructions utiles au peuple.

Il est peu de villes, ou de bourgs, ou de villages,
qui n'aient un fonds pour l'entretien de ces écoles.
Il ne s'agit que de surveiller les maîtres et les tenir en haleine. En beaucoup de lieux cependant,
il conviendrait d'augmenter les fonds, qui sont
devenus insuffisans (1).

---

(1) Il faut avouer ici, que depuis bien long-temps, et au
moins durant une génération, le gouvernement ne faisait plus
rien en Hesse pour l'instruction publique. Occupés, soit de
bâtimens de luxe et d'opéra, soit d'un état militaire exagéré
pour ce petit pays, le souverain ne trouvait plus de fonds
disponibles pour l'entretien de cette base de la vraie civilisation. C'est un reproche que toute l'Allemagne lui a fait.
Ce prince, dans les premières années de son administration,
sembla vouloir porter l'Université de Marbourg à un certain
point de splendeur. Ce zèle se ralentit bientôt. Il y a à Marbourg et dans toute la Hesse des savans très-distingués, des
hommes instruits dans toutes les classes ; mais en général, les
institutions d'enseignement y sont tombées, depuis près d'un
siècle, par cette indifférence de l'autorité, dans un état de langueur, qui n'a pas été leur état primitif ; et ce bon et loyal
peuple hessois, descendu au-dessous du niveau de la culture
générale de son siècle et de tous ses voisins, passe pour le

C'est ici que se manifestent déjà l'influence bienfaisante de la théologie des réformés, qui est toute
morale et patriotique, et celle d'un clergé savant, actif
pour le bien de l'Etat, animé, presque sans exception, de l'amour de ses semblables. Les consistoires
ont la direction de toutes ces écoles destinées au peuple, sous l'autorité du ministre, ou d'un conseil
supérieur établi à cet effet par le prince. Les surin-
tendans, ou inspecteurs ecclésiastiques, les métro-
politains surveillent et visitent les écoles de leurs
districts, les pasteurs exercent aussi la surveillance
locale. Non-content même de ce que le ministère
public a ordonné pour leur troupeau, combien de
ces hommes, aussi zélés pour l'humanité que pour
la religion, n'ont-ils pas établi des enseignemens
particuliers, des pensionnats, des écoles d'industrie et des ressources pour les pauvres habitans de
leur paroisse ? Combien d'entre eux ne s'y dévouent
pas avec un courage admirable, y sacrifient leur
temps, leurs forces, leur santé, et souvent leurs faibles moyens pécuniaires ? En nommant le respectable surintendant *Wagemann* de Gœttingue, qui

---

moins instruit de tous les peuples protestans. — Dans la
plupart des communes catholiques des pays d'Hildesheim et
de Paderborn, les écoles sont sur un pied encore plus déplo-
rable. Dans les provinces prussiennes, de Brunswick, etc.,
l'aspect des choses est très-différent.

a publié aussi de bons écrits sur cette matière, on rappelle tout d'un coup le souvenir entier de ce que le peuple de plusieurs provinces doit à cette digne classe de ses pasteurs spirituels. — Il resterait à parler des *écoles normales*, destinées à fournir de bons maîtres d'écoles pour les villes et la campagne. Il est plusieurs fondations de ce genre. Cassel en a une, à qui il ne faudrait qu'une légère réforme pour remplir convenablement son but. On y a peut-être jusqu'ici un peu trop donné à la musique et au chant, parce que le maître d'école est ordinairement organiste ou chantre de l'église du lieu.

ECOLES SCIENTIFIQUES.

Des cultivateurs, des artisans, des hommes qui exercent des métiers et des professions mécaniques, n'ont pas besoin d'une autre instruction légale que celle qui vient d'être décrite. Il n'en est pas de même de l'autre partie de la nation, destinée à remplir les professions plus relevées.

Ministres de la religion, juges et jurisconsultes, hommes d'Etat et administrateurs, employés du gouvernement dans toutes les branches d'œconomie publique ; médecins et tout ce qui en dépend pour la chirurgie et la pharmacie ; professeurs pour les écoles nationales de toute espèce ; savans indispensables dans un état civilisé, physiciens, astronomes, historiens, lettrés, artistes ; enfin cette classe

nombreuse

nombreuse de propriétaires , d'hommes aisés qui veulent ennoblir leur existence, et participer aux lumières de leur siècle ; tels sont les élémens dont se compose cette partie supérieure et éclairée d'une nation, à qui il faut des écoles qui répondent à ces divers buts.

C'est un fait constant et irrécusable, et qui ne sera démenti par aucune personne vraiment instruite de la situation intérieure de tous les peuples de l'Europe, que les écoles scientifiques de l'Allemagne , soit qu'on les considère par le nombre , ou par l'excellence de leur organisation , ou par les talens et les lumières des maîtres qui y professent, l'emportent de beaucoup sur toutes les autres ; si nous en exceptons les quatre plus illustres écoles de Paris , pour les sciences naturelles et mathématiques , ou pour mieux dire l'école de Paris , car la plupart des grands maîtres de cette capitale professent tour-à-tour dans plusieurs chaires. L'Allemagne possède une grande quantité et une grande variété de ces écoles. Il en est qui se sont organisées pour des buts tout particuliers : les unes, pour former des militaires ; d'autres, d'habiles cultivateurs ; d'autres, des commerçans à grandes vues. Nous n'irons pas nous perdre dans ces détails , qui nous entraîneraient fort loin (1) ; mais nous nous

____

(1) Par la même raison, nous ne parlerons pas de maisons d'orphelins, d'instituts pour les sourds-muets, et autres établissemens particuliers , si utiles qu'ils soient d'ailleurs.

3

bornerons aux établissemens les plus ordinaires, à ceux dont l'existence est comme constitutionnelle, et liée à l'existence politique de la nation.

Quelque diverse que soit la nature de toutes les professions dont nous venons de voir ci-dessus le dénombrement, elles exigent toutes néanmoins un fonds de connaissances et d'études communes, auxquelles se consacrent naturellement les années de l'enfance, et quelques-unes de l'âge adolescent. Au sortir de cette institution élémentaire, le jeune homme, qui va revêtir la toge virile, jette ses regards dans l'avenir, consulte ses forces, ses talens, le désir de sa famille, les circonstances, et se détermine pour une carrière active, qui demande des connaissances spéciales et une nouvelle étude. Cette marche naturelle prescrit donc trois degrés d'instruction, depuis les premiers élémens jusqu'à l'acquisition des plus hautes connaissances.

PREMIER DEGRÉ.

Instruction de l'Enfant.

A ce premier degré sont consacrées en Allemagne les écoles dites *latines* ou *triviales* (1).

---

(1) Du mot *trivium* dans le sens où il fut adopté pour les anciennes écoles; la grammaire, la dialectique et la rhétorique formaient le *trivium ;* la musique, l'arithmétique, la géométrie, l'astronomie, le *quadrivium.* Le nom est resté, et la chose n'est plus la même.

On y donne aux enfans toutes les notions élémentaires de *religion*, de *lecture*, d'*écriture*, de *mathématiques*, de *grammaire*, tant des *langues vivantes* que du *latin*; de *mythologie*, d'*histoire*, de *géographie*, d'*histoire naturelle*, et d'application des substances de la nature aux arts; on y joint quelquefois le *dessin* et le *chant*. Ces écoles se distribuent en plusieurs classes, suivant l'âge et l'intelligence des écoliers; elles conduisent l'élève jusqu'au sortir de l'enfance, vers l'âge de douze ou de treize ans, et à la porte de l'école supérieure ou *gymnase*. Quelques écoles triviales ont outre-passé leur destination, et ont renforcé démésurément leur plan d'études. En quelques lieux, on les a réunies au gymnase, de sorte que les classes inférieures de celui-ci ne sont vraiment autre chose que l'école triviale.

Il n'est pas de bourgade ou de petite ville en Allemagne qui n'ait une pareille école, avec au moins deux ou trois maîtres, et même plus. Les grandes villes en ont toujours plusieurs. Ce sont quelquefois des instituts privés qu'établissent de jeunes ecclésiastiques (1). En général, elles répondent aux *écoles secondaires*, pensions, institutions

---

(1) Aujourd'hui, il est grand nombre de ces écoles où l'on expérimente et modifie les heureuses méthodes du célèbre, bon et igne suisse *Pestalozzi*.

de nos villes de France ; comme les *écoles primaires* de France (qui languissent encore en tant de lieux) représentent tout le systême d'*écoles du peuple*, tel qu'il est en Allemagne, et qu'il a été décrit à l'article précédent.

DEUXIÈME DEGRÉ.

*Instruction de l'*Adolescent.

Ainsi munis des premiers *rudimens* des sciences, l'élève passe à l'école des adolescens, où il va achever toutes ses études élémentaires. L'*instruction religieuse* devient plus grave, la *morale* y prend une forme plus précise. L'art d'écrire se cultive avec soin; on y joint le *dessin*, et l'on ne permet pas que la main de l'élève se néglige au point de tracer d'une manière informe la parole écrite. L'étude des *langues vivantes* se poursuit; outre des exercices suivis dans l'idiome maternel, le *français* et *l'anglais* sont régulièrement enseignés, et quelquefois l'*italien* et l'*espagnol*. — Boileau, *Fénélon*, *Montesquieu*, *Saint-Réal*, *Voltaire* ou *Barthelemy*, s'y trouvent entre les mains des élèves, aussi bien que les classiques anciens. L'étude du *latin* est portée à sa perfection dans les classes successives ; il en est de même de celle du grec (1). On avance dans

---

(1) Les faciles chants d'*Homère* et *Hérodote* s'expliquent déjà dans les classes inférieures du gymnasse. La première in-

les *mathématiques* jusqu'au calcul infinitésimal, et à l'application de l'algèbre à la géométrie; les notions de *physique* et d'*histoire naturelle* se poursuivent. L'*histoire*, avec ses sciences alliées, la *chronologie*, la *géographie*, tant ancienne que moderne, et l'*archœologie*, préparent l'esprit de la jeunesse aux grandes leçons qu'il doit en recevoir un jour. Enfin, vers le terme du cycle scholaire, un cours de *rhétorique* et de *logique*, un coup-d'œil sur l'*histoire littéraire*, et sur l'ensemble des connaissances qu'il a acquises, aussi bien que de celles qu'il doit encore acquérir, en un mot, sur l'*encyclopédie* et la *méthode* des études, achèvent l'instruction de l'adolescent, le second degré de la culture intellectuelle de la jeunesse nationale.

Les écoles destinées à ce second degré se nomment vulgairement *gymnase*. Il en est qui portent le nom de *lycée*, de *collége*, et autres. Elles répondent à nos anciens colléges ou aux nouveaux lycées de France; mais il est facile de voir que l'enseignement y est plus fort, et embrasse une plus grande sphère de connaissances. Ces écoles sont peuplées de maîtres distingués, parmi lesquels se trouvent des savans et des littérateurs du premier ordre,

____

terprète les auteurs les plus difficiles, *Platon* et *Thucydide*. Le grec est un objet de grand intérêt pour les allemans, à cause de l'analogie de cette langue avec la leur.

dont la réputation s'étend bien au-delà des bornes de leur pays. Si quelques gymnases ont un défaut, c'est d'outre-passer le but, et d'empiéter sur les études réservées à un autre âge et à d'autres instituts. Il en est qui, dans cette émulation, au fond très-louable, ont usurpé le titre de *hautes-écoles* ou de gymnases académiques. Mais il vaut mieux n'être que ce que la nature des choses prescrit, et employer, à perfectionner ses fonctions, le surplus de force qu'on emploie à les étendre outre-mesure ; plutôt gagner en profondeur qu'en superficie.

Les principales villes d'Allemagne ont des gymnases qui sont plus ou moins bien dotés (1). Nul doute que plusieurs n'aient besoin d'une augmentation, vu la cherté toujours croissante. La Hesse, sans compter Hanau, a trois gymnases, Cassel, Marbourg et Hersfeld ; ce dernier, entr'autres, passe pour être fort bon. Hildesheim, l'ancien pays prussien, celui d'Osnabruck et de Hanovre, mais surtout Brunswick ont des gymnases et autres établis-

---

(1) Tous ces gymnases ont des bourses ou pensions gratuites pour les jeunes gens les moins favorisés de la fortune. Quelques-uns en ont jusqu'à cinquante. Plusieurs ont un fonds pour des prix annuels, pour l'achat de livres, d'instrumens de physique, d'objets d'histoire naturelle, de modèles de dessin, soit gravures, soit plâtres, et ainsi du reste.

semens de ce genre, d'une perfection qui laisse peu
à désirer.

TROISIÈME DEGRÉ.

*Instruction de l'*Homme *et du* Citoyen.

Jusqu'ici l'enseignement n'a été que préparatoire ;
il a convenu également à la jeunesse de toute la
classe supérieure, même aux hommes qui, destinés à vivre dans l'aisance, sans embrasser une pro-
fession active, prétendent cependant à un degré
d'instruction tel qu'il embellisse leur loisir, et les
sauve de la honte de se trouver sans cesse au-dessous de leurs contemporains. Mais, arrivé à l'âge
de seize, de dix-huit ou de vingt ans, aux portes
de la vie active, l'allemand sent le besoin, ou de
perfectionner ce qu'il a acquis, de donner à son
instruction le caractère viril, le développement et
l'à-plomb qui convient à l'homme, ou bien il lui
faut les connaissances spéciales requises pour son
état futur; et il va passer trois ou quatre années,
et même plus, à l'*Université*. — Un allemand qui
n'a pas mis cette dernière main à son éducation
littéraire, qui n'a pas suivi, durant quelques sé-
mestres, les cours d'une ou plusieurs Universités, ne
passe jamais dans la société pour un homme instruit.
Le terme d'*études* est même uniquement réservé,
dans le langage, à ce dernier degré d'instruction.

Il a étudié ou *il a fait ses études*, signifie *il a accompli ses années d'Université*. Autrement, on dit d'un homme : *il n'a fait que son temps d'école ; il n'a point fait d'études*. L'enfant et l'adolescent, dans les écoles et les gymnases, a le titre d'*écolier* ; le jeune homme dans les *Universités* prend celui d'*étudiant*, dont il s'honore et qu'il a seul le droit de porter (1).

On sait assez qu'en France, au sortir du collége, l'on était autrefois lancé dans le monde. L'homme qui ne voulait devenir précisément ni ingénieur, ni médecin, ni prêtre, ni avocat, était privé de ce haut degré d'instruction, auquel la plupart des familles ne songeaient guère pour leurs fils, et qui est un besoin si profondément enraciné dans les ames allemandes. M. de *Schlœtzer*, de Gœttingue, se trouvant il y a beaucoup d'années à Paris, et y causant avec un de nos plus savans historiens, feu *Deguignes*, eut beaucoup de peine à lui faire

---

(1) Les Universités se nomment quelquefois hautes—écoles, et souvent *académies*. Il est facile de classer un allemand relativement à sa culture intellectuelle, quand on sait quelles écoles il a fréquentées. On reconnaît dès — lors s'il est un homme *technique*, ou *scolastique*, ou *académique*. — Ce dernier se nomme exclusivement en Allemagne un *savant*. C'est un titre reçu par l'usage, et auquel est joint un sens honorable.

entendre quelle était la nature et la destination essentielle de ces Universités allemandes, et la différence qu'on vient d'exposer entre l'enseignement des écoles et les études. Enfin, quand M. de *Schlœtzer* lui eut suffisamment expliqué ce système des hautes études d'Université, M. *Deguignes*, qui l'avait écouté avec beaucoup d'attention, s'écria : « *J'entends !* « *vous autres allemans, vous commencez là où* « *nous finissons !* »

Il ne faut pas croire cependant que les Universités aient été les mêmes dans tous les siècles, ni qu'elles soient les mêmes dans tous les lieux. Il est souvent malheureux qu'un même mot exprime des choses toutes différentes. Les hommes qui s'arrêtent volontiers aux mots, tombent par-là dans une foule d'erreurs. Parcourons avec rapidité les principales époques de l'existence des Universités.

Avant *Charlemagne*, il n'y avait que les clercs séculiers et réguliers, non pas qui fussent savans, mais qui sussent lire et écrire. Les écoles qu'il fonda furent donc situées dans l'enceinte des cloîtres, des chapitres, ou de la demeure des évêques, et l'on y enseigna ce qu'on savait alors ; c'était assez peu de chose. Sous les faibles successeurs de ce prince, les lumières déchurent encore. Enfin, vers la fin du onzième, et au commencement du douzième siècle, on en vit reparaître quelques étin-

celles. Un peu de médecine et de philosophie, ap-
prises des arabes et des grecs de Byzance, un peu
de jurisprudence et de belles-lettres, jetèrent quelqu'éclat hors des cloîtres. Des laïques se mêlèrent
de science, professèrent même la théologie, et une
foule immense d'hommes, jeunes et vieux, se por-
tèrent dans leurs auditoires. Les Universités allaient
naître. En effet, les médecins, les jurisconsultes qui
sortaient de ces écoles, étonnaient par leur savoir.
L'autorité publique, dans les divers Etats de l'Europe,
jalouse de les attirer, mais craignant d'être aussi
bien que les peuples, dupes de charlatans et d'im-
posteurs, voulut que les plus célèbres écoles don-
nassent à leurs élèves des attestations de sciences,
de doctorat ; les papes, les empereurs et les rois
leur accordèrent de grands et d'honorables priviléges, qui les constituèrent en Universités. *Salerne,
Bologne, Paris, Padoue, Montpellier, Oxford,
Prague* eurent de ces écoles. Avant la fin du trei-
zième siècle, l'Europe comptait déjà trente Universités.

Ce nouvel enseignement donna bientôt de l'ombra-
ge à la toute-puissante hiérarchie. La cour de Rome,
dont la politique a toujours été, quand elle ne pouvait
parvenir à renverser des institutions qui lui étaient
contraires, de s'en emparer pour les conduire, se
montrait souvent favorable aux Universités ; d'autres
fois leur portait atteinte, et refusait de reconnaître

leurs priviléges. Des opinions hardies, redoutables au saint siége, naissaient au sein de ces écoles. Dès le principe, *Abélard* et son disciple *Arnold de Bresse,* même *S.-Bernard,* son rival, causèrent assez d'inquiétude aux pontifes. Oxford produisit *Wiclef*, et Prague l'infortuné *Jean Hus.* On songea donc à soumettre aux prêtres et aux moines ces établissemens d'instruction qui s'étaient élevés à côté d'eux, et comme autel contre autel. Les chaires furent données, autant que possible, à ces suppôts de Rome. Dans le nombre des sciences, il en fut toujours quelques-unes frappées d'anathême, jugées dangereuses, et qu'on étouffait à dessein; l'étude des langues anciennes et orientales, par exemple, l'histoire ecclésiastique, la bonne philosophie, et autres points délicats pour la doctrine dominante. *Martin Luther*, religieux augustin, était professeur à Wittenberg, quand il entreprit l'œuvre colossale de la réformation. Cet événement donna une nouvelle existence et une nouvelle destinée aux Universités protestantes; elles subirent, aussi bien que le culte, une réforme totale. Leur nombre d'ailleurs se multiplia; elles furent dotées de biens ecclésiastiques (1).

---

(1) Les princes allemans, malgré les guerres qu'ils eurent à soutenir pour la liberté de leur culte, ne dilapidèrent point les biens ecclésiastiques. Ils en appliquèrent une grande partie aux établissemens d'instruction publique, et partirent en général du principe, que les couvens, dans leur origine, avaient

Des chaires y furent établies pour des sciences, tant divines qu'humaines, auparavant prohibées ou écartées. L'enseignement y gagna en profondeur, en étendue, en méthode et en liberté. Des causes particulières ont fait décliner les deux célèbres Universités d'Angleterre. Celle d'Edimbourg s'est mieux soutenue, ainsi que quelques-unes de Hollande, de Suisse, de Suède, de Danemarck. Mais celles qui prospérèrent constamment le plus, qui furent secondées avec le plus de zèle, et par la faveur des princes, et par l'esprit public, ce furent celles de l'Allemagne, depuis Kœnigsberg jusqu'à Tubingue, de Rostock à Jéna. Elles marchèrent presque toutes sans interruption d'amendemens en amendemens, et d'un état meilleur, à un autre meilleur encore. Tandis que dans les pays soumis aux lois de Rome, ces

---

été fondés pour l'éducation de la jeunesse et pour la culture des sciences. Le duc *Jules* de Brunswick, dans son *Ordonnance ecclésiastique* de 1569, s'exprime ainsi : « Nous affirmons « devant Dieu, avec une conscience entièrement pure, et nous « protestons publiquement devant toute la chrétienté, qu'en « réformant les couvens, nous n'avons jamais prétendu ac— « quérir la moindre partie de leurs biens, ou d'autres biens « ecclésiastiques. » Cette ordonnance, qui prescrit l'établissement de plusieurs écoles et leur dotation, a passé aussi en loi pour les provinces de Gœttingue et de Calenberg. (On la trouve dans le tome 1er du *Corpus constitutionum Calenbergicarum.*)

foyers de science, devenus suspects, et en secret
odieux, livrés au même régime de l'esprit monacal,
pédantesque et scolastique que par le passé, déchurent en eux-mêmes et dans l'opinion, tombèrent peu
à peu dans un état de langueur, de décomposition,
ressemblant à la mort (1). Nos plus célèbres écoles
de France furent atteintes aussi de ce poison; la
mère-école elle-même, cette magnifique Université
de Paris, qui avait produit tant de grands hommes,
qui souvent s'était jointe avec courage à nos rois,
pour s'opposer aux prétentions hiérarchiques, n'of-
frait plus, quand elle s'éteignit, que l'image de la
décrépitude. Presque toutes les facultés s'étaient tues ;
la *Sorbonne* aurait mieux fait de se taire plutôt; et
le vieux édifice ne consistait presque plus qu'en
une réunion de *colléges*, de *gymnases*, d'écoles par
conséquent du second ordre; de telle façon que

(1) Plusieurs Etats de l'Allemagne cathoique, pendant le
cours du siècle dernier, ont réformé leurs Universités sur le
modèle de celles des protestans ; Vienne et Fribourg , Ingol-
stadt, aujourd'hui Lanshout , Erfort, Cologne, Wirtzbourg et
Salzbourg ont éprouvé les effets heureux de cette régénéra-
tion ; le dernier électeur avait mis son Université de Mayence
sur un excellent pied. Que ne serait — elle pas devenue sous
le prince qui devait lui succéder ! Le volcan de notre révolution a renversé cet édifice à peine construit. Les élémens en
sont dispersés ; et l'ami des lumières ne peut plus que pleurer
sur ses ruines.

Trojanas opes et lamentabile regnum,
Eruerunt Danai.

toute idée vraie, presque toute mémoire d'une Université, d'une haute-école, s'était effacée de l'esprit de la nation.

Cependant, dès leur institution, les Universités avaient été investies d'une considération qui passe tout ce qu'on peut aujourd'hui s'imaginer. Combien souvent de puissans monarques ne les prirent-ils pas pour arbitres de leurs différends, soit avec d'autres princes, soit avec l'église ou avec les souverains pontifes, qui étaient alors les plus puissans d'entre les princes? *Philippe-le-Bel* s'appuya, contre *Boniface VIII*, des décisions de l'Université de Paris; et ce corps, alors si respectable, s'opposa aux exactions de ce même prince envers les peuples. Auparavant, *S. Louis* avait témoigné à la même Université une confiance pareille; et rempli de ce qu'il avait vu dans l'Orient, parmi les grecs et les arabes, pénétré du haut prix et de la dignité des sciences, ce roi si pieux, si grand et si bon, disait, en augmentant les priviléges de l'Université, et en fondant près d'elle une bibliothèque : « Ne souffrons pas que les infidèles surpassent les fidèles en lumières ! » La fondation d'une Université suffisait pour faire fleurir une ville et toute une province. Nous ferons voir ci-après qu'il en est encore de même aujourd'hui. Nous exposerons aussi les importans motifs qui décidèrent les gouvernemens à donner à ces grands établissemens des lois et une police particulière ; motifs qui n'ont

encore rien perdu de leur force. Quant aux priviléges purement honorifiques des Universités, ceux
qui tenaient à la considération infinie dont elles jouis-
saient, comme d'assister aux états-généraux par leurs
députés, ils se sont perdus peu à peu, parce que,
dans le fait, ils ne sont pas, comme les autres,
indispensables à leur existence et à leur prospérité.
Dans ces siècles anciens, où la civilisation était encore reculée sur tant d'objets, il régnait sur d'autres
des idées d'une parfaite rectitude. Les ames étaient
simples et neuves, susceptibles d'enthousiasme pour
le bien. Les professeurs, docteurs et gradués des
Universités étaient placés par l'opinion et par le droit
qui s'y conformait, au rang des chevaliers et des
nobles ; et l'on sait quelle était alors l'élévation de
ce rang. En effet, ces lettrés, les jurisconsultes sur-
tout, n'avaient-ils pas aussi des moyens de soutenir
la cause de la faiblesse ou de l'innocence, et de
remplir par-là les plus belles fonctions de la che—
valerie.

Mais ces considérations sur l'existence antique
des Universités, nous conduiraient trop loin de notre
but. Contentons-nous d'exposer ce qu'elles ont été
dans les derniers temps, ce qu'elles sont encore, et
d'indiquer les points généraux de la constitution
d'une haute — école, ou Université protestante de
l'Allemagne.

On se formerait une idée bien rétrécie et bien incomplète de ces grands établissemens, si on ne leur supposait une autre sphère d'activité qu'aux gymnases, et qu'on ne les crût destinés qu'à l'instruction seulement des gens du pays. Leurs fondateurs ou réformateurs ont eu des vues bien plus étendues, et se sont proposé d'en faire des écoles pour toutes les nations civilisées. Ce que l'Empereur a dit dernièrement de l'une d'elles : « Qu'elle n'appartenait point » à tel état particulier, point à l'Allemagne, mais » à l'Europe entière, » peut se dire de toutes les autres, ou du moins des principales. —— Ce qui ne saurait avoir lieu pour des écoles inférieures, destinées à un âge qui ne peut s'éloigner autant du toit paternel, a tout naturellement lieu quant à ces hautesécoles destinées à l'homme. On y accourt des contrées les plus lointaines, où a pénétré la réputation de leur excellence ; de Moscou et des confins de l'Asie (1), de Smyrne et de Philadelphie, de Cadix et de Stockholm. Les deux tiers, par exemple, de la population académique de Gœttingue ont toujours été composés de jeunes gens étrangers au pays. Les

____

(1) *Alexandre* Ier a mis toutes les anciennes Universités de Russie, et les nouvelles qu'il a créées, sur le pied de celles d'Allemagne. Il y a appelé, pour cet effet, autant de professeurs allemans qu'il a pu y en attirer, en leur prodiguant les distinctions et la fortune.

sciences,

ciences, en effet, ne sont d'aucune nation ; elles
ont le patrimoine de l'humanité entière ; et nulle
art, sans doute, ce lien moral de tous les peuples
ivilisés ne contribue autant à leur union réelle,
ue dans les grandes Universités de l'Allemagne pro-
estante (1).

C'est là, c'est au milieu de ce concours d'hommes
e toutes les nations, et qui viennent y chercher
es lumières, les uns déjà dans la force de leur
ge (2), les autres dans l'effervescence des jeunes
nnées, et dans tout le feu de l'enthousiasme pour
science ; c'est là que professent avec liberté, avec
mulation, les maîtres les plus distingués, les écri-

---

(1) Quand la paix sera universellement rétablie sur le sol
uropéen, on verra revenir, avec une ardeur redoublée à
es illustres écoles de Saxe et de Westphalie ; la jeunesse de
es nations qui en ont été si long-temps privées ; et l'on ré-
iendra de préférence aux Universités qui seront restées le plus
rès de leur institution primitive, qui auront les meilleurs
aîtres et les plus utiles établissemens.

(2) Il n'est pas rare de voir des hommes au — dessus de
rente et même de quarante ans, suivre les cours d'une
niversité ; les uns, comme gouverneurs de quelques jeunes
ens de distinction ; d'autres, qui changent d'état et de car-
ière au milieu de leur vie ; d'autres, qui viennent se pré-
arer aux missions évangéliques d'Asie ; d'autres, par simple
èle, et pour entendre tel grand professeur dans une science
u'il cultive, et ainsi du reste.

4

vains les plus célèbres de l'Allemagne dans tous les genres. Il faut absolument se défaire, pour concevoir et juger un tel institut, de toute arrière-pensée d'école ordinaire, de régularité monastique, et de cette discipline de collége qu'on impose à l'enfance. Ce sont ici des hommes qui parlent à des hommes, et qui leur révèlent les plus hautes connaissances qu'il soit donné à l'esprit humain d'acquérir (1). Qu'on se rappelle, pour s'en former une juste idée, ces fameuses écoles d'Athènes, du Portique et de l'Académie, où des sages donnaient leurs leçons aux plus illustres et aux plus spirituels d'entre les Grecs,

---

(1) La considération des professeurs d'Universités doit être et a toujours été fort grande ; si l'on voulait classifier les prêtres de la science, on pourrait dire qu'ils occupent, dans cette hiérarchie, le rang épiscopal. Il est d'ailleurs très-visible qu'ils ont besoin d'une telle considération et de dehors qui commandent la déférence, sans quoi ils ne pourraient contenir dans les bornes de la décence une jeunesse nombreuse, vive, pétulante, et dont ils deviendraient le jouet. Leur enseignement serait bientôt sans efficacité ; leurs leçons seraient écoutées sans recueillement. Il n'est pas besoin qu'un professeur soit au-dessus d'une honnête aisance, mais il faut qu'il puisse quelquefois recevoir à sa table des jeunes gens qui lui sont recommandés, ou qui lui sont le plus affectionnés ; qu'il ne paraisse à aucun égard au-dessous des habitans les plus distingués de la ville où est établie l'Université ; qu'au moins sa maison et sa famille ne portent point les livrées de la misère.

aux plus avides de savoir, à ceux qui devaient bientôt conduire les affaires, ou commander les armées
de l'Etat (1).

Les instituts dont nous traitons sont donc des écoles
supérieures et universelles, dont les maîtres sont des
lettrés du premier ordre, et dont les élèves sont des
hommes. C'est de la réunion de tels maîtres, de
tels élèves, de quelques artistes et agrégés nécessaires, que se compose une Université. C'est un
corps qui a ses lois, son organisation, comme le
veut la nature des choses. Son chef suprême est le
Chef de l'Etat, le Prince. Les Souverains ne dédai-

---

(1) Rien n'est prescrit, ni au jeune homme qui vient faire
ses études, ni au professeur qui donne l'enseignement, par
rapport aux cours que doit suivre l'un et que doit faire l'autre.
La liberté la plus entière règne des deux parts. Il est assez
de garanties, dans la nature même des choses, que l'étudiant
suivra les cours convenables à son but ou à son état futur;
et que, de l'autre côté, l'Université pourvoira à ce que l'instruction soit complète et bien ordonnée dans son sein. Seulement l'Université a le droit de renvoyer l'étudiant qui ne sui-
vrait aucun cours, ou qui y apporterait une négligence marquée, ou qui en troublerait l'ordre. A la liberté dont jouissent
les professeurs sur les objets et le mode de leur enseignement,
se joint encore celle de publier leurs écrits sans être soumis
à nulle censure, mais sous leur responsabilité personnelle. Ces
libertés académiques, dont il n'est aucun exemple qu'on ait
abusé, sont le *palladium* des Universités allemandes, et l'une
des vraies sources de leur prospérité.

gnent pas de mettre parmi leurs titres celui de recteur perpétuel (*rector magnificentissimus perpetuus*) de leurs Universités. Le roi d'Angleterre a toujours été recteur de celle de Gœttingue. Sous le prince, c'est un ministre ou un *curateur* qui gouverne l'Université. L'administration et la discipline de la petite république, sont confiées, comme autorité locale, sous la direction suprême du prince et de son ministre, à un certain nombre des plus anciens professeurs, ordinairement de quinze ou vingt, qui forment le *sénat académique,* sous la présidence d'un *prorecteur* (ou vice-recteur) choisi dans leur sein, et qui change chaque année ou demi-année. Ce sénat remet ordinairement le soin des affaires courantes à un ou plusieurs comités, et ne s'assemble que pour les objets de quelque importance.

Suivant une antique division, les professeurs d'une Université sont répartis en quatre sections ou facultés : THÉOLOGIE, JURISPRUDENCE, MÉDECINE, PHILOSOPHIE (1). Cette division est plus apparente que réelle, comme on s'en convaincra, en parcourant le détail de leurs fonctions.

______

(1) Chacune de ces facultés est composée d'un certain nombre de *professeurs ordinaires* et de *professeurs extraordinaires ;* en outre, d'*assesseurs*, de *répétiteurs et maîtres particuliers,* qui sont gradués, et ont obtenu de la faculté, après examen, le droit d'enseignement public ou privé. Ce

Les professeurs de la faculté de *théologie* enseignent cette science. Mais leur enseignement resterait fort incomplet, si un ou deux professeurs de la faculté de jurisprudence, ne faisaient, pour les jeunes théologiens, des cours de droit ecclésiastique; si, dans la faculté dite de *philosophie,* d'autres professeurs ne faisaient des cours de langues anciennes et orientales, de critique, d'histoire, de philosophie et de morale, dans leur application à la doctrine religieuse. — Quelquefois se joint à ces instructions, pour ceux qui se destinent au saint ministère dans les campagnes, un cours d'économie rurale, un autre de médecine domestique, ou d'hygiène, afin qu'ils puissent devenir les conseils et les appuis de leurs paroissiens dans l'état de santé et de maladie.

Les professeurs de la faculté de *jurisprudence* font des cours sur toutes les branches du droit civil et politique, de nature et des gens. Il n'est pas besoin de faire sentir combien les étudians en droit ont aussi un besoin instant de suivre des cours d'histoire, ainsi que de langues anciennes, de morale, de logique, et autres qui se donnent dans la faculté de *philosophie,*

---

sont les plus anciens professeurs, ceux qui sont réellement membres de la faculté; qui, sous la présidence du *doyen* annuel, confèrent le grade de *docteur.* On a supprimé presque généralement les autres degrés, ceux de *licencié* et de *bachelier*, comme inutiles.

La faculté de *médecine* professe les diverses parties de cette science et de la chirurgie. Mais leurs élèves ne peuvent se passer des cours que font les professeurs de physique, qui appartiennent à la faculté de *philosophie;* ils ne peuvent guère plus se passer des cours de jurisprudence et de police médicale. Enfin, il leur faut aussi la connaissance des langues anciennes, et au moins une bonne logique. Ainsi, les diverses facultés se donnent la main dans le système général de l'enseignement.

La dernière, celle de *philosophie,* en renferme au moins cinq sous cette dénomination générale. On peut les classer ainsi :

1. Une faculté des *sciences mathématiques et physiques;*

2. Une faculté des *lettres ;*

3. Une faculté d'*histoire, de diplomatie, de politique et de statistique;*

4. Une faculté de *technologie, d'économie rurale, d'arts mécaniques, d'architecture,* etc.

5. Une faculté de *philosophie* proprement dite,

On voit par-là qu'une Université allemande est composée en effet de huit facultés, dont cinq sont réunies sous la commune bannière de la *philoso-*

phie (1). Aussi cette faculté renferme-t-elle d'ordinaire autant de professeurs, que les trois autres prises ensemble. Nous ne nous étendrons pas davantage, en ce moment, sur les différens cours et les objets ordinaires d'enseignement, qu'on trouvera réunis dans un tableau général, placé à la fin de cet ouvrage.

Cependant nous croyons en avoir déjà dit assez, pour rendre sensible la liaison qu'ont entr'elles toutes les parties de l'instruction, et les secours nécessaires qu'elles se prêtent les unes aux autres. Toutes les sciences s'appuient mutuellement, et se tiennent par une chaîne étroite qui ne peut se rompre sans préjudice. C'est par où sur-tout la forme des Universités qui embrassent tout le cycle de l'enseignement, nous paraît préférable à celui des *écoles spéciales,* ou des *facultés* séparées qui en tiennent lieu en France. Il est difficile qu'on soit tout purement jurisconsulte, ou médecin, ou lettré. Il manquera toujours à celui qui n'aura reçu qu'un enseignement strict et exclusif dans une science, les vues géné-

____

(1) Il convient même de les y laisser; elles ont trop de points de contact par où elles se tiennent, et, séparées, elles formeraient des corporations trop faibles. Tout au plus, on pourrait en faire deux; une faculté des sciences mathématiques et physiques et de technologie, et une des lettres, d'histoire et de philosophie.

rales , les connaissances accessoires qui lient sa science à tout le reste du savoir humain , qui la complètent, la relèvent ou l'ennoblissent (1). Et si l'on veut obvier à cet inconvénient, et remplir toutes ces lacunes évidentes des écoles spéciales ; si l'on veut, par exemple , établir des chaires d'histoire près des facultés séparées de théologie, de droit et des lettres, et ainsi du reste , il faudra se résoudre à une multitude de doubles emplois (2).

A la rigueur, des écoles spéciales peuvent suffire, quand on n'a pour but que de former des sujets nationaux pour les différentes parties. Mais cette forme d'isolement des diverses sciences ne conviendrait pas à un établissement auquel on veut donner un très-grand relief scientifique, que l'on destine à être une haute-école pour l'Europe entière, une école qui attire à elle la jeunesse de tant de pays divers.

____

(1) On peut ajouter qu'il se formera , dans chaque partie isolée , un esprit étroit de corporation et de secte , qui portera chacun en secret à mépriser les autres sciences qu'il ignorera parfaitement. D'un collége ecclésiastique , d'un séminaire , du noviciat d'un monastère , le théologien doit sortir intolérant; du sein d'une bonne Université , il doit sortir, au contraire , avec des idées parfaitement humaines et libérales.

(2) Sans compter celui des bibliothèques qu'il faudra multiplier, et que, par conséquent , l'on ne pourra fournir aussi abondamment.

Combien aussi n'a-t-on pas d'exemples que des jeunes gens appelés, par le vœu de leurs parens, ou par des circonstances locales, à un genre d'études, à un état pour lequel la nature ne les avait point faits, ont senti leur véritable vocation se développer dans une Université, et sont devenus, en changeant leur plan d'études, des hommes très - distingués ? Ce qui ne peut avoir lieu dans une école spéciale, où il n'est question que d'une seule science, où l'on ne peut marcher que dans une seule voie.

C'est sur-tout aux savans qui composent une Université, que leur réunion dans un même lieu devient utile et précieuse. Dans le perfectionnement de leur science, dans la composition de leurs livres, dans leurs études journalières, ils sont les uns aux autres d'une ressource indispensable. Souvent l'archéologue est éclairé par celui qui s'occupe des arts mécaniques ; le jurisconsulte par le philosophe ou l'historien ; le théologien par le philologue ; le physicien par l'anatomiste. Dans un pays d'ailleurs qui, comme l'ancien Empire, et la nouvelle Confédération germanique, n'a pas de grandes capitales, et où les capitales même ne sont pas toutes destinées à des réunions de savans, c'est dans les villes d'Université que ces réunions ont lieu tout naturellement. Près du corps enseignant se forme une *académie*, ou *société des sciences*, composée des mêmes membres ; et l'Université se trouve remplir à la fois cette double fonction. Gœttingue en offre un exemple marquant. Sa *Société des sciences* est au rang des plus illustres compagnies savantes de l'Europe. Elle compte parmi ses associés une partie de ce que Paris, Londres, Pétersbourg, et d'autres capitales renferment d'hommes les plus célèbres dans les sciences.

Achevons l'exposé succinct de la constitution d'une Université. Il existe en français un ouvrage excellent sur cet objet. C'est celui de M. *Haffner*, professeur en théologie à l'Université de Strasbourg. Il est intitulé : *De l'éducation littéraire, ou essai sur l'organisation d'un établissement pour les hautes sciences*, imprimé à Strasbourg en 1792. Mais c'est bien peu de chose que la puissance du meilleur livre ! Il paraît que celui-ci n'a pas eu toute l'influence qu'on aurait pu lui désirer, et qu'il n'a pas été lu et médité par ceux qui auraient dû y apporter le plus grand intérêt. Cela n'encourage pas à écrire. Quand un homme tel que M. *Haffner*, par exemple, a blanchi avec honneur dans une carrière ; qu'une longue expérience l'ont éclairé, il lui est aisé, sans doute, de classer ses idées sur une matière importante, et d'en faire un bon livre. Ce qui n'est pas aisé, c'est de le faire lire, c'est de le faire étudier et apprécier sans aucune prévention d'esprit et avec un calme impartial, de le faire *comprendre* (1) enfin aux gens du métier qui ont à prononcer sur la même matière, et qui peut-être seront eux-mêmes jugés par une postérité sévère, d'après cet écrit d'un de leurs contemporains.

Quoiqu'il en soit, il faut se faire violence quand on traite en français de l'instruction publique, et en particulier des Universités, pour ne point copier tout l'ouvrage de M. *Haffner ;* c'est peut-être avoir déjà beaucoup fait que d'avoir ramené sur lui l'attention (2).

Outre ces fonctions diverses d'*Ecoles spéciales* pour le besoin de l'Etat, de *Hautes-écoles* universelles et d'*Académies* pour le besoin de la science, les Universités remplissent encore la fonction d'*Ecoles normales*. C'est là que sont formés les maîtres qui se destinent à l'enseignement dans les gymnases et les lycées. Ils y reçoivent l'instruction nécessaire

---

(1) Il faudrait un livre tout entier pour expliquer ce que c'est que de *comprendre* un livre.

(2) Il suffit d'en lire les vingt premières pages, pour se convaincre de la solidité et de la justesse des vues qui y règnent d'un bout à l'autre. L'article II *de l'organisation d'une Université* (p. 7 — 40) mérite sur-tout d'être médité. Quelques années plus tard, M. *Haffner* eût rectifié quelques-uns de ses jugemens particuliers, comme celui qu'il porte de la méthode de *l'histoire littéraire* en Allemagne, p. 278, etc.

dans des instituts particuliers, qui sont organisés à cet effet.

On peut compter aussi au rang des écoles normales attachées aux Universités, les instituts particuliers fondés près des facultés de théologie et de philosophie, pour les jeunes théologiens particulièrement appelés au ministère, et qui y reçoivent une instruction plus étendue dans la critique des livres saints, dans l'art de la chaire, la liturgie et les devoirs pastoraux.

Sous un troisième point de vue, toute Université est encore école normale, en ce qu'elle fournit, non-seulement à l'Allemagne, mais à tout le Nord, et à quelques provinces de Russie sur-tout, une foule d'instituteurs, de précepteurs parfaitement dignes de cet emploi si important. Les chefs de famille de ces diverses contrées s'adressent fréquemment aux professeurs de quelque Université allemande, pour obtenir un sujet à qui ils puissent commettre l'éducation et l'instruction de leurs enfans. Le choix tombe d'ordinaire sur quelque étudiant peu aisé, de la faculté de théologie ou de celle de philosophie, et dont les mœurs, aussi bien que les connaissances, sont sans reproche.

On voit par-là jusqu'où peut s'étendre le cercle d'activité d'une haute-école allemande. On en saisira encore mieux l'étendue, quand on aura consi-

déré, dans le chapitre suivant, les diverses fonc—
tions attribuées extraordinairement à ses facultés.

Ce qui vient d'être dit cependant donne une
idée, non pas complète, mais suffisante à notre but,
de la constitution littéraire des Universités allemandes. On conçoit que ces grands établissemens demandent des fonds considérables pour leur entretien. L'importance que l'Allemagne protestante met
à l'instruction solide et à la vraie science, se mani-
feste dans la dotation de la plupart des Universités.
Ce qui est un besoin de première classe pour la
nation, tient aussi un des premiers rangs dans le
tableau de ses dépenses. La plupart des Univer—
sités ont été dotées en fonds de terre. Il en est à
qui l'administration de ces fonds a été confiée par
les gouvernemens, comme à celle de Helmstedt et
de Marbourg; il en est où le gouvernement, pour
éviter au sénat académique de nouvelles distrac—
tions et de nouveaux frais, s'est réservé l'administration, versant les revenus dans une caisse particulière, réservée à l'Université, comme faisait la
régence de Hanovre par rapport à Gœttingue. Il
en est d'autres enfin, qui n'ayant pu être dotées en
fonds territoriaux, sont défrayées par leurs gouvernemens, comme celle de Halle. Chaque année on a
vu jusqu'ici redoubler le zèle des princes allemans
pour la prospérité temporelle et intellectuelle de leurs
Universités. Nous ne citerons point des faits d'une

notoriété publique et éclatante. Loin de songer à rien retrancher à leurs Universités, des princes fort peu riches ont su l'être assez pour augmenter le patrimoine des sciences. Ce n'est pas qu'aucune Université allemande ait des fonds surabondans. La plus opulente n'a qu'un salaire assez modique à offrir à ses professeurs (1). Mais il est bien d'autres objets de dépenses et d'entretien. Il faut des fonds à la bibliothèque, au musée, à l'observatoire, au jardin botanique, aux hôpitaux, aux écoles normales, aux bourses et tables gratuites; il faut des pensions aux veuves d'hommes qui ont passé leur laborieuse vie, et qui, quelquefois, l'ont abrégée, à rendre des services essentiels. Il est enfin des frais indispensables d'entretien de bâtimens, d'impression de pièces officielles, de prix annuels que distribuent certaines Universités. Souvent on fait voyager de jeunes savans distingués, aux frais de

---

(1) Outre leurs appointemens fixes, les professeurs tirent une rétribution légère de ceux qui suivent leurs cours *privés*. Ils en tiennent facilement quittes les étudians sans fortune. Les professeurs font aussi des cours *publics* et gratuits; mais quelqu'en soit l'intérêt, une longue expérience a prouvé que les jeunes gens suivent avec plus d'assiduité un cours pour lequel ils ont déboursé quelque argent. Cette rétribution d'ailleurs entretient chez les professeurs un certain zèle, et les oblige d'apporter plus de soin à leurs cours. La faveur publique s'attache alors au mérite, qui y trouve sa récompense naturelle.

l'Université, pour aller chercher au loin de nouvelles connaissances ou observer le progrès des lumières. Tout cela ne peut se faire sans argent. Et ces objets néanmoins sont des parties constitutives d'une Université qui, sans eux, croule et tombe au rang d'une petite école, d'un gymnase ou lycée. Sans une dotation foncière et une administration locale, ces grands établissemens ne peuvent jamais avoir qu'une existence fort précaire.

Nous nous sommes engagés à exposer les motifs qui avaient fait attribuer aux Universités une législation particulière, et aux sénats académiques l'exécution de ces lois. La masse d'une Université est une corporation régie par une magistrature propre et qui ressort immédiatement au conseil du prince. Elle est indépendante des autorités inférieures et locales. C'est même accidentellement qu'elle est dans telle ville, plutôt que dans telle autre; elle y est à peu près comme une garnison. L'Université des ci-devant ducs de Brunswick se nomme l'Université *Julienne*, du nom de son fondateur; elle resterait ce qu'elle est, si on lui assignait pour résidence un autre lieu que Helmstedt. Et comme la garnison est soumise aux lois militaires, et qu'elle est indépendante de la municipalité du lieu, de même l'académie en est indépendante aussi, et soumise aux lois académiques.

Ces lois sont telles qu'elles puissent convenir à

ceux pour qui elles sont faites. Les années que passe un jeune homme à l'Université, au sortir des écoles inférieures, sont un apprentissage du monde, une sorte de noviciat de la vie civile, un régime intermédiaire entre l'autorité de la maison paternelle et l'autorité des lois sociales. A l'Université, il faut que le jeune homme soit abandonné à lui-même, et il s'y trouve sous la tutelle des lois académiques, auxquelles il fait le serment d'obéir. Pourrait-il commencer à devenir un homme, si la lisière de l'enfance ne le quittait jamais. Il est donc fort sage d'avoir établi, pour ces corps de citoyens mineurs, des lois à demi-paternelles et à demi-civiles ; d'en avoir délégué l'exécution aux hommes que l'Etat honore de sa confiance en les chargeant des plus nobles fonctions. Qu'on songe à cette réunion de plusieurs centaines de jeunes amis des muses, de toutes les nations, de toutes les professions, dans la fougue de l'âge et l'effervescence des passions ; et qu'on décide si des lois faites pour la généralité des citoyens, peuvent ici convenir entièrement ? Ira-t-on traiter un rassemblement momentané d'étudians et sa tumultueuse vivacité, dont la cause est toujours une légère fermentation née de quelque incident académique, comme l'attroupement séditieux d'un peuple révolté ? Emploiera-t-on les baïonnettes contre cette jeunesse ardente, que la voix de magistrats paternels, et la paisible garde académique ramèneront sans peine ? Déploiera-t-on

toute

toute la rigueur des lois civiles et leur imposant appareil, pour des fautes qui, au fond, ne réclament que l'indulgence d'une autorité ferme et circonspecte (1)? Un jeune homme, traité avec la sévérité du bras séculier, emportera peut-être dans sa patrie une flétrissure qui aigrira son ame et pervertira sa vie entière, pour punition d'une étourderie passagère, qui eût été reprise avec ménagement par un tribunal de famille, tel qu'est le sénat académique d'une Université (2).

A cette magistrature douce et bienveillante viennent se soumettre volontiers les ames les plus fières et les fils des classes les plus privilégiées dans les monarchies de l'Europe. L'anglais porte facilement ce joug à côté du russe et du magnat hongrois. On voit journellement arriver aux Universités allemandes

---

(1) Et quelles familles éloignées consentiront à exposer leurs enfans aux dangers qu'offre toujours la réunion d'une foule de jeunes gens, si elles ne savent qu'ils doivent s'y trouver placés sous l'égide protectrice d'un tribunal établi pour eux, et convenable à leur état actuel?

(2) Une foule de lois qui sont basées sur l'état sédentaire de citoyens possessionnés dans le pays, ne peuvent absolument s'appliquer à de jeunes étrangers qui peuvent s'éloigner à jamais d'un jour à l'autre; par exemple, en tout ce qui concerne les dettes contractées par les étudians, et mille autres détails qui ne peuvent trouver place ici. C'est quand on veut, bon gré malgré, rendre tout uniforme, que l'on confond tout.

de jeunes hommes déjà décorés de grands titres, revêtus d'emplois importans, et qui remplissent dans leur patrie des fonctions civiles et militaires. On y voit des hommes destinés à régner, qui viennent modestement se mêler dans les rangs des autres zélateurs de la science. Les annales de la seule Université de Gœttingue en comptent un grand nombre. La plupart des professeurs actuels ont encore vu étudier sous eux trois des fils du roi d'Angleterre; et il y a très-peu d'années que le prince-royal de Bavière est venu aussi assister à leurs cours.

C'est sur une réunion ainsi composée, quant à l'âge, quant au genre d'occupations, quant aux patries et aux conditions diverses, que sont calculées les lois académiques (1). Plusieurs d'entre elles ne concernent que la police et la discipline des études; mais elles sont intimement liées aux autres. Il faudra cependant bien laisser cette discipline aux professeurs de l'Université. Et comment en fixer la

---

(1) On a donné aux Universités une église, une chaire et des prédicateurs particuliers. Pourquoi ? Parce qu'on ne peut prêcher devant cette jeunesse spirituelle, et qui se voue à l'étude des sciences, ni de la même manière, ni sur les mêmes sujets que le curé d'une petite ville devant sa bourgeoisie. Et, tout comme la religion, la justice doit aussi leur parler un autre langage, et emprunter un autre organe.

démarcation? Il arrivera souvent que cela sera impossible (1). Cette discipline d'ailleurs ne pourra s'exercer sans une autorité qui impose, sans une force coërcitive, mais qui agisse avec la même réserve que l'autorité qui la dirige. Il vaut donc mieux laisser tout-à-fait à l'Université sa juridiction, telle qu'une longue expérience et une parfaite connaissance des localités l'ont établie.

Sans doute que cette juridiction, dont le prince et son ministre sont les premiers dispensateurs, qui est déléguée par le prince, et exercée en son nom, n'est contraire à aucune idée saine sur la législation des Etats. Le code civil de l'académie est différent du code civil de la bourgeoisie, comme les réglemens du commerce sont différens des réglemens militaires, parce que les choses à régler sont différentes. C'est abuser bien étrangement des mots, ou de quelques idées générales à demi-entendues, que de taxer un pareil arrangement d'irrégularité. Assurément un institut dont le prince est le chef unique et suprême, et qui a quelques lois particulières, parce que la nature des choses le veut ainsi, n'est point *un état dans l'Etat.* —— Un clergé

————————————

(1) Par exemple, à Gœttingue, le sénat académique n'a jamais souffert, pour bonnes raisons, l'établissement d'une troupe de comédie. —— Et s'il vient une autre autorité qui veuille une comédie, qu'en résultera-t-il ?

qui a un chef étranger, ou bien une société de moines intrigans qui ont des réglemens secrets, un général qui réside en une autre contrée et exerce sur eux une autorité absolue qui se dérobe à celle du prince, ou bien un ordre militaire comme étaient les templiers, de tels corps font un état dans l'Etat. Mais une académie! un établissement d'instruction, fait pour livrer à l'Etat des hommes utiles et éclairés! des professeurs citoyens, des sages zélés pour le bien commun, les représentans, pour ainsi dire, de la paternité nationale! une magistrature bienfaisante, dont les actes sont vus par le prince, ratifiés par lui! Assurément, il faut être bien travaillé de la maladie des formules, pour voir là un état dans l'Etat! Le recteur d'une Université et le sénat sont des délégués du prince, tout comme les autres magistrats et les autres tribunaux. —— L'armée, quoiqu'elle ait ses *conseils de guerre*, n'est point un état dans l'Etat, pas plus qu'un régiment n'est une armée dans l'armée. Il est fort différent d'être une partie intégrante et légale du tout, ou d'en être une partie hétérogène et ennemie.

On pourrait sans doute fixer l'étendue de la juridiction nécessaire aux Universités. On pourrait en excepter les causes criminelles qui entraînent la peine capitale. Mais dans la position où elles se trouvent, au milieu de tant de devoirs à rem-

plir, de tant de ménagemens à garder, de maux
à prévenir ; chargées d'une telle responsabilité, et
envers l'Etat, et envers les familles, la plupart
étrangères et si souvent illustres, il paraîtra sans doute
indispensable à tout esprit non-prévenu, que ces
Universités jouissent d'une considération et d'une
autorité qui les rendent capables de remplir leur
honorable et pénible destination. Voilà pourquoi
on les a élevées au rang des premières corporations
de l'Etat ; pourquoi le souverain s'en est déclaré le
premier magistrat, et ne les a fait dépendre que
de lui et de son conseil. Ce ne sont pas là de vains
priviléges, restes d'un temps gothique, et simples
alimens de la vanité. Ce sont des mesures sages,
commandées par la prudence, et par l'essence
même de tels établissemens. — Faire descendre les
Universités du rang qu'elles occupent, les repousser
loin du trône, les priver de leurs attributions, ce
serait, en leur laissant leurs devoirs, leur ôter tous
moyens de les remplir ; ce serait les déconsidérer,
porter une atteinte mortelle à leur existence, et les
condamner à un prompt dépérissement.

CHAPITRE TROISIÈME.

Le royaume de Westphalie, dont la très-grande majorité de la population est réformée et protestante, a six Universités ; les voici par ordre de date de leur fondation :

1° *Marbourg*, fondée en 1527, par le landgrave *Philippe-le-généreux*. Il est à remarquer que ce fut la première fois qu'un prince érigea une Université en Europe, sans demander l'agrément ni la confirmation du pape.

2° *Helmstedt*, fondée en 1576, par le duc *Jules* de Brunswick ; son fils, le prince *Henri-Jules*, en fut le premier recteur.

3° *Paderborn*, fondée en 1592, par le prince-évêque *Théodore de Furstenberg* ; elle n'a jamais eu que deux facultés, celles de théologie et de philosophie.

4° *Rinteln*, fondée en 1621, par le prince *Ernest* de Schauenbourg.

5° *Halle*, fondée en 1694, par *Frédéric*, électeur de Brandebourg, puis roi de Prusse. — Ce prince, en parlant d'elle, la nommait sa fille bien-aimée.

6° *Gœttingue*, fondée en 1735, par *Georges-Auguste II*, électeur de Hanovre, roi d'Angleterre, et par les soins particuliers du respectable ministre hanovrien de *Munchhausen*.

C'est beaucoup que six Universités à entretenir pour un pays tel que le royaume de Westphalie, qui n'a pas deux millions d'habitans. Le royaume de Saxe, avec une population plus considérable, n'a que deux Universités, Leipsick et Wittenberg. Leur trop grand nombre ne contribue pas à leur prospérité. L'Allemagne protestante, en y comprenant la Suisse, le Holstein et la Prusse, a une vingtaine d'Universités. C'en est trop, sans doute, dans un temps comme le nôtre, où les révolutions et les guerres sont cause que les études diminuent sensiblement ; où d'ailleurs deux professions qui semblent exiger des connaissances moins approfondies, l'état militaire et celui de négociant, ont tellement prévalu, que la jeunesse retenue dans les camps ou dans les comptoirs, fréquente moins les hautes-écoles. La gloire des armes et l'argent sont les deux principales idoles de notre âge, et leur culte est peu ami de celui des muses.

En jetant les yeux sur le traité de Tilsit, on découvre par quels singuliers incidens géographiques le nouveau royaume, établi au cœur de l'Allemagne pour un prince français, a reçu en partage un si grand nombre d'Universités. Outre les deux de la Hesse et celles de l'évêché de Paderborn et du duché de Brunswick, devenus provinces de Westphalie, ce royaume a été accru d'une très-petite parcelle des États prussiens ; et cette parcelle se trouve précisément renfermer la plus grande des Universités de la Prusse. Une faible enclave du Hanovre lui est réunie de même, et là est située l'Université de Gœttingue, la seule que possède le Hanovre, sur une population d'à peu près un million d'habitans.

Toutes ces Universités au reste ne sont pas d'une égale importance. —— Celle de *Rinteln*, quoiqu'étant une école fort estimable, ayant eu et possédant encore des professeurs d'un très-grand mérite, a toujours été peu considérable et peu suivie, soit à raison de quelques localités défavorables, ou du voisinage de plusieurs grandes académies.

Celle de *Paderborn*, la seule catholique entre les six de Westphalie, est dans un tel état de dépérissement et d'inanition, que presque tout le public d'Allemagne ignore qu'elle existe. Plus d'un lecteur l'apprendra en lisant ceci (1). Ce n'est pas

______

(1) Vers le milieu du siècle dernier, d'*Alembert*, qui avait vu l'Allemagne en homme de lettres et en observateur, di-

qu'il n'y ait des hommes très-instruits à Paderborn. Sans doute qu'en ranimant les cendres de cette Université, on pourrait en faire un bon gymnase.

Mais les deux premières des six Universités Westphaliennes et les deux dernières, sont des écoles illustres qui, toutes quatre, jouissent d'une réputation vraiment européenne, si l'on peut s'exprimer ainsi. Elles ont, depuis le premier jour de leur durée, tant fait pour le progrès des sciences, elles ont eu des maîtres, et produit des élèves si distingués dans tous les genres, que leur gloire est devenue impérissable, et qu'un profond sentiment d'estime est également attaché à leur nom. Leur histoire est consignée dans une foule d'écrits latins et allemans.

Les deux premières, *Marbourg* et *Helmstedt*, sont tombées au royaume de Westphalie avec la

---

sait : « On ne peut s'empêcher d'avouer la supériorité des « Universités de l'Allemagne protestante sur les écoles catho— « liques. Elle est si frappante, que les étrangers qui voyagent « dans ce pays, et qui passent d'une Université catholique « à une Université protestante voisine, croient en une heure « avoir fait quatre cents lieues, ou vécu quatre cents ans ; « avoir passé de Salamanque à Cambridge, ou du siècle de « *Scot* à celui de *Newton*. » (*Mél. de littérat.* T. IV.) —— Il n'y a rien à redire à ce jugement de d'*Alembert*, sinon qu'il faisait beaucoup trop d'honneur à Cambridge.

totalité des pays à qui elles ont toujours appartenu ; elles sont restées en famille. Au contraire, les deux autres, *Halle* et *Gœttingue* tenaient à de grands Etats qui n'existent plus pour elles. Ces deux branches fertiles, si chargées de fleurs et de fruits, sont séparées chacune du tronc paternel et nourricier dont elles tiraient leur substance. Sans faire aucun tort aux deux sœurs aînées, cependant il faut avouer que ces deux filles adoptives du royaume de Westphalie sont, et les plus célèbres écoles, et celles qui attirent le plus nombreux concours d'étrangers, et celles qui possèdent les plus beaux établissemens. Parmi les vingt Universités protestantes, ou parmi les sept ou huit de première grandeur, il en est à peine qui puissent le disputer à Halle et Gœttingue.

Quiconque, même ne connaissant pas l'Allemagne, aura lu ce qui précède avec un peu d'attention, se fera sans peine une idée de l'importance des Universités de ce pays. Ajoutons quelques mots sur les avantages réels de ces grands établissemens, et pour la gloire du prince, et pour l'intérêt du pays, et pour l'avancement et l'enseignement des sciences.

I. Si la civilisation et le développement des plus belles et des plus nobles facultés de l'homme sont les véritables buts de la société ; si la plus pure de toutes les gloires attend et les nations et les princes, qui auront fait le plus d'efforts pour y atteindre, nul doute que ces établissemens où l'homme va éclairer et former sa raison, ne soient une des plus belles sources d'illustration pour les gouvernemens. La gloire qui provient des exploits guerriers et des conquêtes, peut être aussi le partage des peuples les plus barbares et à qui l'on s'indignerait d'être comparé. Celle qui est due aux lumières, à l'amélioration morale des hommes, on ne la partage qu'avec les peuples les plus civilisés, qu'avec les plus glorieux bienfaiteurs du genre humain.

Les Universités de l'Allemagne protestante seraient peut-être encore susceptibles de perfectionnement. Mais telles qu'elles sont, n'hésitons point à le dire, elles sont au-dessus de tout ce que l'Europe et le monde entier offrent d'instituts pour l'enseignement des hautes sciences (en exceptant, comme nous l'avons déjà dit, l'école parisienne pour les sciences mathématiques et physiques). Les Universités d'Angleterre, sont opulentes, gothiques et ridicules. Celles d'Italie, avec leurs somptueux bâtimens, sont des palais déserts, où la plupart des sciences languissent dans les mauvaises méthodes de la scolastique et du moyen âge. Celles d'Espagne sont encore beaucoup au-dessous. Dans ces derniers pays, et en général dans le Sud-ouest de l'Europe, on a peu connu jusqu'ici les Universités du Nord de l'Allemagne, et l'on a été peu curieux de les prendre pour modèles. Il est impossible d'applaudir à cette incurie. Elle n'avait pas lieu dans le Nord et l'Est. Ces hautes-écoles y sont estimées à leur valeur, prises pour modèles, et fréquentées par ceux à qui leur fortune le permet. Des nations entières, quatre-vingt millions d'Européens ont les yeux fixés sur les grandes Universités de Westphalie, et attendent quel sera leur sort.

Il faut bien distinguer dans les institutions que les siècles passés nous ont transmises, entre celles qui renfermaient en elles le poison de l'état social, qui furent la source de la barbarie et de l'ignorance de plusieurs de ces siècles, comme la féodalité, l'esclavage de la glèbe, la trop grande puissance de la hiérarchie : et celle que le génie du bien implanta au milieu de ces mêmes siècles pour les corriger, les éclairer, et amener l'état de civilisation qui a eu lieu depuis, et qui doit s'améliorer encore. Les premières de ces institutions, celles qui étaient nuisibles et perverses, ont passé. L'esprit de siècles plus éclairés n'a pu les souffrir debout. Mais les autres, celles qui ne contribuent qu'à l'ennoblissement, qu'à l'embellissement des corps sociaux, celles-là sont restées ; et tous les hommes qui savent assez l'histoire, qui ont la vue assez universelle et assez profonde pour connaître bien les besoins de leur âge, savent à quel point il faut les soutenir et les consolider. De ce nombre sont les Universités allemandes. Elles ont la plupart, depuis leur fondation, traversé plusieurs siècles, qui leur ont souri en passant, qui les ont fêtées et ont ajouté à leur splendeur. Le dix-neuvième, sans doute, enchérira sur ceux qui l'ont précédé. Les Universités Westphaliennes, loin de décroître, acquerront un nouveau lustre sous les auspices d'un prince ami de tout ce qui est noble et utile, désireux de toute espèce de gloire, et pour qui l'expérience et les lumières ont dévancé les années.

II. Nous avons dit que, dès les premiers temps de leur existence, les Universités avaient fait prospérer les villes où elles s'étaient établies. A cet âge, où la lumière des lettres recommençait à poindre, un enthousiasme général s'était saisi de toutes les ames. Les Universités étaient encore en très-petit nombre ; il n'était point d'écoles qui pussent en quelque sorte les remplacer ; peu de précepteurs et de maîtres particuliers. Il ne faut donc pas s'étonner si ces premières Universités comptèrent leurs étudians par milliers, l'une d'elles s'est vantée d'en avoir eu quarante mille. Quand l'Université croyait avoir des motifs de plaintes fondées contre la ville ou contre le gouvernement, elle fermait ses écoles ou bien elle transportait son siége ailleurs.

Cette mesure devenait une calamité publique. Les villes s'estimaient trop heureuses d'appaiser l'Université en lui faisant droit, et de conserver dans leurs murs, à quelque prix que ce fût, cette source de commerce et d'opulence.

Depuis que le nombre des Universités s'est multiplié à l'excès, que celui des écoles du second rang est beaucoup plus grand encore, et que parmi elles plusieurs ont l'ambition d'être des demi-Universités ; qu'il existe des écoles spéciales pour le militaire, pour le commerce, des séminaires pour les théologiens catholiques, enfin une foule d'instituteurs particuliers, et de précepteurs qui instruisent les jeunes gens dans la maison paternelle, on sent que l'immense concours a dû diminuer aux Universités. Là où l'on comptait par milliers, l'on compte aujourd'hui par centaines. La plus florissante Université ne peut guère s'élever au-delà de mille étudians. Il en est qui ne vont pas jusqu'à cent dans leurs meilleures années.

Néanmoins quelques centaines d'étudians et trente ou quarante professeurs, suffisent pour apporter l'aisance dans une petite ville et dans tout le pays qui l'entoure. Les étudians étrangers qu'attire une grande Université, sont presque tous de la classe opulente de la société ; il s'en trouve même de fort riches. Ceux qui ne le sont pas par eux-mêmes

jouissent de secours étrangers ; ou leurs gouvernemens les envoient aux études , ou ils tirent les
revenus de fondations pieuses faites dans leurs patries pour les jeunes gens studieux et peu aisés. Il est
de ces *stipendes* dans la plupart des villes de l'Allemagne et du Nord. Comptant donc mille étudians,
l'un portant l'autre à 2000 fr. , il en résulte une cir-
culation annuelle de deux millions dans la ville et
le pays. Supposant que ce calcul soit exagéré , un
million de francs par an serait déjà un objet de très-
grande importance pour un pays. Il est des années
où la somme peut devenir plus forte par la présence
de princes ou de particuliers très-opulens. L'exemple de jeunes gens qui mangent cinquante mille
livres de rente durant leurs temps d'études n'est pas
très-rare (1). D'ailleurs une grande Université,

----

(1) On est assez fondé à croire que depuis plus de soixante
et dix ans que l'Université de Gœttingue est fondée , elle
y a déversé au moins cent millions de francs. L'aspect de la
ville et des villages voisins a totalement changé. Trois cents
maisons nouvelles y ont été bâties, tant dans la ville qu'à ses
portes , et toutes ont été embellies dans leur intérieur. Il faut
lire dans l'histoire de l'Université, comment les premiers professeurs qui y arrivèrent , se logèrent dans des granges, trou-
vèrent des rues sans pavés, semblables à des cloaques.
Gœttingue est aujourd'hui une fort jolie ville, riante, bien
pavée, avec de beaux trottoirs. Quelquefois le nombre des
étudians a approché de mille. On y parviendrait , et au-
delà , en prenant les moyens convenables et ci-dessous indi-

et ce qu'elle offre de curieux, les hommes célèbres qu'elle renferme, une riche bibliothèque,
les liaisons particulières des étudians eux-mêmes,
attirent un grand nombre de voyageurs et d'étrangers. Outre cela, le commerce des livres et la main-
d'œuvre d'imprimerie, de reliure, etc. ne sont point

---

qués. Quant aux destinations diverses de ces étudians, qui, en prenant leur inscription, désignent la faculté à laquelle ils se vouent particulièrement, il y en aurait d'ordinaire et en nombres ronds, par exemple sur 800, pour la *théologie* 200 (et ce sont les moins riches); pour la *jurisprudence* 400; pour la *médecine* 100, et 100 pour la *philosophie* (c'est-à-dire, aussi, mathématiques, astronomie, physique, arts, langues anciennes, etc.)

Note de l'éditeur. Aujourd'hui la faculté juridique éprouve une diminution momentanée. On a cru qu'avec le nouveau code, ceux de Rome et de l'ancien empire germanique ne pouvaient plus conserver de l'intérêt. Cependant, ceux-là comme source et subside, ceux-ci dans les parties que le nouveau code, par son universalité même, n'a pu toucher, et comme explicatifs d'une infinité de détails tenant au pays et à la nation, ne sauraient être négligés. Au reste, la perte qui en résulterait pour les Universités, serait réparée par les chaires où l'on traite à fond les disciplines le plus à l'ordre du jour, toutes les parties de l'histoire naturelle, de la physique générale, des mathématiques et la technologie. On ne saurait se dispenser de marcher avec le siècle à l'égard de ces connaissances, les plus indispensables dans l'état présent de la société humaine.

à négliger ; Halle et Gœttingue pourraient offrir, sur ces points, des données statistiques qui étonneraient. Les professeurs écrivent, vendent leurs ouvrages à des libraires étrangers, et le prix s'en importe dans le pays. Un tiers de la population de l'Europe achète des livres faits par les savans des Universités de Westphalie, et en devient tributaire.

Mais on ne maintiendra des Universités sur ce pied florissant, aussi utile que glorieux pour le pays, qu'en leur conservant l'organisation, l'existence, les fonds, la liberté d'enseignement, et la considération dont elles ont toujours joui ; plutôt même en les élevant, qu'en les rabaissant sur aucun point. Nous croyons l'avoir suffisamment démontré. Le public européen est libre de tourner sa faveur et son estime où elles lui semblent mieux placées. Qu'un des Etats de l'Allemagne néglige ses Universités, ou les dépouille de quelques prérogatives essentielles, les rende, en un mot, moins aptes à attirer à elles la jeunesse de toutes les nations, cette jeunesse s'en éloignera bientôt. Elle ira porter ailleurs et son flatteur hommage, et le tribut de gloire qui en revient à l'Etat, et les revenus annuels qu'elle consomme. Des bords du Rhin aux rives lointaines de la Baltique, il est encore assez d'écoles, rivales de toutes les autres. Les professeurs eux-mêmes ne sont point asservis à la glèbe ;

et on les voit souvent, pour des conditions meilleures, ou pour des raisons de famille, ou pour des titres d'honneur, porter à un autre lieu leurs talens, leurs lumières et la renommée de leur enseignement qui attirent, près d'eux, ceux qui sont jaloux de les entendre.

Il a toujours existé entre les princes allemans, le Danemarck, la Prusse et la Russie, sur-tout depuis *Alexandre premier*, une émulation bien calculée, pour peupler leurs Universités des hommes les plus marquans dans les sciences, des écrivains les plus illustres, des génies les plus transcendans de la nation. Un homme qui s'est fait une réputation bien établie, est presque certain d'être appelé tôt ou tard à quelque Université. Quand il y est, si sa réputation s'accroît comme professeur, bientôt il recevra du dehors des propositions avantageuses ; et s'il les refuse, par déférence pour le gouvernement qu'il sert, il en est toujours dédommagé. Cette noble enchère, que les princes allemans et quelques autres Etats mettent sur la science et les talens, est encore une des sources de la prospérité de leurs Universités.

En effet, la mesure la plus efficace que puisse prendre un gouvernement pour élever une Académie à ce haut point d'estime qui attire vers elle les étrangers, c'est, après y avoir formé les plus beaux établissemens, d'y réunir, dans toutes les facultés et dans le domaine de toutes les sciences , les hommes qui jouissent de la plus grande considération par leurs connaissances , et qui ont acquis le plus de célébrité comme professeurs. Dès-lors qu'un jeune écrivain commence à se faire un grand nom , qu'un savant fixe l'attention publique , ou par quelque découverte , ou par quelque méthode nouvelle, on doit ne rien négliger pour le gagner. On a vu des Universités s'élever , ou tomber , par l'acquisition , ou par la perte d'un ou de deux grands professeurs. C'est en suivant cette marche , que les princes de l'Allemagne ont peuplé presque tous leurs Universités de sujets distingués , et en ont fait des foyers où l'on vient de toutes parts chercher la lumière. — Cette conduite est , sans contredit , plus sage et plus libérale que celle de quelques princes , qui , pour ne pas voir leurs Universités désertes , obligent leurs sujets à y étudier , et leur défendent d'en fréquenter d'étrangères. C'est , pour un faux calcul , priver son pays des lumières qui pourraient s'y importer par une libre communication ; c'est ne vouloir chez soi que des sujets médiocres ; et c'est ôter aux professeurs mêmes qu'on semble vouloir favoriser, le ressort d'émulation qui les porte à se perfectionner. Il faut qu'un jeune homme, s'il le juge utile , puisse séjourner tour-à-tour dans plusieurs écoles ; qu'il puisse apprendre

la chimie à Paris, l'anatomie à Tubingue, la médecine à Vienne, la philosophie à Jéna, l'astronomie à Gœttingue. Et si un professeur étranger
donne des leçons sur un nouvel art, salutaire pour
toute l'espèce ; s'il sait former, par exemple, des
accoucheurs dont l'habileté surmonte les plus grandes difficultés, il faudra donc que le pays où
les excursions savantes sont défendues, se passe de
ce nouveau bienfait de la science, et que la chirurgie y reste en arrière sur ces importans procédés. — Et qu'arrivera-t-il au prince qui défendra
à ses sujets la fréquentation des Universités étrangères ? Les autres princes défendront à leurs sujets
la fréquentation des siennes (1). S'il y entretient à
grands frais de bons professeurs, il y perdra le
concours des étrangers ; s'il n'a que des professeurs médiocres, il n'aura aussi que des sujets mé-

---

(1) L'Autriche vient d'en donner un exemple. Le gouvernement, en proclamant la liberté la plus illimitée pour les
étudians autrichiens d'aller à telle Université qu'ils jugeraient
convenable, en a cependant excepté formellement et nomi-
nativement six Universités situées dans des pays dont les princes
ont établi chez eux ce *ban*, qui empêche leurs sujets d'aller
étudier au dehors. Rien de plus juste que ces représailles. —
Il est fort à désirer que dans les lois constitutives qui détermi-
neront les rapports réciproques des Etats de la nouvelle Confédération germanique, cette liberté d'études soit établie au
moins pour toutes les Universités de la Confédération.

diocres et peu instruits pour toutes les classes de ses Etats. On ne peut éviter l'un ou l'autre inconvénient. D'ailleurs, un tel monopole ne fait nul honneur au gouvernement qui en conçoit et en réalise l'idée illibérale. Les sciences et les arts sont la propriété de tous les hommes et de tous les pays. C'est aller contre les droits de tous les peuples civilisés et de l'humanité entière, que de soumettre ces objets à des mesures prohibitives, et à un contrôle de douanes.

III. Enfin, l'avantage le plus direct des Universités, celui qui tient le plus intimement à leur nature, qui, sans doute, est le plus précieux pour les ames élevées, c'est celui qui en revient aux sciences et à leur enseignement (1). Le jeune homme

____

(1) Tant que l'Allemagne aura des Universités sur le pied où elles ont existé jusqu'à présent, on n'y entendra point proférer de plainte pareille à celle que M. *Dacier*, secrétaire-perpétuel de la troisème classe de l'Institut, a été contraint, par la force des choses et de la vérité, d'émettre au pied du trône le 19 février de cette année, quand il eut à rendre compte devant l'Empereur et le Conseil d'Etat de la culture des sciences qui forment l'attribution de sa classe. Voici ces paroles, qui resteront à jamais remarquables, et qui jettent un grand jour sur l'état actuel de la littérature française:

« C'est avec un sentiment pénible que nous sommes forcés « de faire apercevoir à V. M. que plusieurs branches de la « littérature sont menacées *d'un anéantissement prochain* et acquiert dans ces sanctuaires du savoir, où toutes les connaissances sont cultivées de front, une vue générale de leur ensemble, et y approfondit celles

---

« presque total. La *philologie*, qui est la base de toute
« bonne littérature, et sur laquelle repose la certitude de
« l'histoire, ne trouve presque plus personne pour la culti—
« ver. Les savans dont les travaux fertilisent encore chaque
« jour son domaine, restes, pour la plupart, d'une génération
« qui va disparaître, ne voient croître autour d'eux qu'un
« trop petit nombre d'hommes qui puissent les remplacer ; et
« cette lumière publique, propre à encourager et à juger leurs
« travaux, diminue sensiblement de clarté, et son foyer se
« rétrécit tous les jours de plus de plus. »

Digne interprète de cette génération savante qui va disparaître, et qui est réduite à un si faible nombre, M. *Dacier*
a indiqué un mal qui a de profondes racines, et qui aura de
tristes résultats. L'Allemagne est loin de cette pénurie. On
peut dire, au contraire, que ces branches de littérature dont
parle M. *Dacier*, y ont une vie surabondante. Il est aisé d'y
compter trois générations co-existantes de savans philologues,
qui à leur tour ne manqueront pas de successeurs. Un pu—
blic nombreux, et qui maintient cette lumière *propre à en—*
courager et à juger leurs travaux, ne cesse d'y prendre une
part animée, comme le prouvent tant d'ouvrages critiques et
d'antiquités, tant d'éditions de classiques et d'excellens écrits
périodiques consacrés à ces études. Combien ne mérite pas d'estime l'esprit d'une nation qui a une telle tendance, et donne
de telles bases à sa culture ? —— Cette réflexion frappera qui—
conque sait apprécier la haute valeur de la science ; mais elle
ne sera pas comprise par la barbarie, qui fait sous nos yeux
de si effrayans progrès.

qui lui importent plus particulièrement. Il règne entre ces jeunes citoyens de la république lettrée, une émulation qui soutient et rehausse leur zèle pour l'étude. Il se forme entre eux, et avec leurs maîtres, des liaisons que cimentent les plus nobles motifs, l'estime réciproque, la gratitude et l'amour commun des sciences. Des hommes parvenus aux premiers emplois dans leur patrie, restent à jamais attachés aux sages qui leur ont ouvert la carrière de la politique, du droit, de l'histoire. On a vu, par exemple, jusqu'à sa mort, arrivée l'année dernière, le digne baron d'*Asch*, conserver à Pétersbourg le plus tendre souvenir de Gœttingue; chaque année y apportait son riche tribut des minéraux et des plantes de la Sibérie et du Caucase, de livres et de manuscrits, enfin de tout ce que le vaste empire de Russie offre de curieux et d'intéressant dans les règnes de la nature, et dans le produit de l'industrie humaine.

Nous avons déjà exposé l'avantage pour les savans de ces réunions où les diverses connaissances se soutiennent et s'éclairent mutuellement. Ajoutons que chacun d'eux perfectionne à l'envi celles qui font la base particulière de son enseignement. Il est contraint de s'y appliquer sans relâche. La fréquentation des divers cours étant libre, un professeur qui n'enseignerait que ce qu'on trouve dans ses livres, ou dans ceux des autres, verrait bien-

tôt son auditoire désert. Il faut que son enseignement soit méthodique, profond, clair, complet,
et qu'en même temps il intéresse par des aspects
nouveaux ; et certes, pour peu qu'un professeur
ne soit pas dépourvu de génie, pour peu qu'il
porte d'affection à l'objet de ses cours, il faut
bien qu'il avance et qu'il perfectionne une science
dont il profère journellement les principes (1). Un
cours qu'un professeur a répété pendant dix années de suite, est un livre qui a subi dix éditions,
qui a été dix fois revu et corrigé par son auteur.
Et combien un cours, transmis par l'enseignement
oral d'un bon professeur, animé de la vie et de

---

(1) Et quelle réunion de qualités distinguées n'est pas né—
cessaire à celui qui occupe une chaire dans une grande Uni—
versité ! Il faut, comme *homme*, que son caractère moral
imprime la confiance et le respect ; que, comme *savant*, il
possède tout l'ensemble et les accessoires de sa science dans
une grande supériorité, de telle sorte qu'il puisse y orienter
parfaitement ses auditeurs ; comme *maître*, il lui faut une élo-
cution aisée et agréable, clarté et concision, un tact sûr et fin
pour reconnaître s'il est compris de ses auditeurs, ou s'il leur
faut de nouveaux éclaircissemens ; enfin, il faut qu'il soit
inventeur, ou qu'il ait perfectionné quelque point, soit de
la méthode, soit du fond de sa science ; nous avons dit qu'il
fallait qu'il fût *écrivain*, car ce n'est que par ses écrits que sa
renommée s'étendra au loin et lui attirera des auditeurs ; et
c'est en écrivant qu'il s'habituera davantage à approfondir et
à ordonner convenablement son savoir.

l'intérêt inséparables de l'accent et de la voix de l'homme, ne l'emporte-t-il pas sur le meilleur livre ; sur-tout s'adressant à la jeunesse, que la distraction et le dégoût peut-être suivraient bientôt dans la simple lecture et dans l'étude solitaire ? Cette forme de cours suivis par des condisciples de tant de na—tions diverses, qui viennent chercher la lumière à la source commune, le respect qu'on porte à cet hom—me classique qu'on vient écouter, qui souvent est un écrivain ou un penseur illustre honoré par toute l'Europe savante, ce renom majestueux d'une grande Université, tout impose aux jeunes gens l'attention, le recueillement et l'enthousiasme du savoir.

Nous croyons, par tout ce qui précède, avoir soulevé un coin du voile qui cache à ceux que des préventions nationales empêchent d'étudier et d'ob-server suffisamment d'autres peuples, ce que l'esprit de l'Allemagne a de particulier dans la culture des sciences, et dans son mode d'instruction publique. L'esprit d'un peuple et ses institutions sont dans un rapport intime et indestructible. Ces dernières sont les organes, les veines et les fibres du corps social. Les ébranler, les altérer, c'est porter dans le corps entier un germe de maladie, de langueur et de dépérissement. —— Mais pour mieux rendre sensible encore ce qu'est une grande Université de l'Allemagne protestante ; pour mieux exposer en détail tous les services qu'elle rend à l'Etat, à la société humaine et aux lettres ; pour mieux montrer ce qu'elle peut et doit produire, qu'il soit permis d'alléguer ici l'exemple de Gœttingue, non pas parce que l'opinion publique lui accorde assez généralement le premier rang parmi les Universités de l'Allemagne, et par conséquent de l'Europe, mais parce que celui qui écrit ces feuilles connaît mieux cette haute-école qu'aucune autre, et en peut rendre un témoignage plus certain. On ne doit pas oublier que le détail qui va suivre n'est qu'un exemple, et que toutes les grandes écoles de l'Allemagne ont, aussi-bien que Gœttingue, leurs utiles établissemens, leurs découvertes, leurs travaux, leurs illustres maîtres, et leurs services à citer.

L'Université de Gœttingue (nommée Georgia-Augusta, du nom de son fondateur), a toujours eu dans ses quatre facultés au moins quarante professeurs, et souvent plus, tant ordinaires qu'extra-ordinaires (1) ; et un pareil nombre de maîtres-

---

(1) On peut remarquer qu'il y en a parmi eux des français, des hollandais, des suisses, des suédois, des hongrois et des

adjoints où secondaires, de répétiteurs dans les diverses sciences ; elle a aussi des maîtres pour les langues vivantes, l'architecture, le dessin, la musique, la danse, l'escrime, et un excellent manège. Il s'est élevé près d'elle deux librairies et plusieurs imprimeries, qui peuvent compter parmi les premières de l'Allemagne.

La *Société Royale des Sciences*, formée dans le sein de l'Université, et dont tous les membres résidans sont pris dans ce corps, a déjà été citée plus haut. Elle est composée de trois classes : celle des sciences *mathématiques*, celle des sciences *physiques*, celle d'*histoire* et de *philologie*. Ses séances sont d'ordinaire consacrées à la lecture des mémoires, soit des membres, soit des correspondans. Chaque année il paraît un volume in-4° de ces Mémoires, en latin et en allemand, sous le titre de : *Commentationes Societatis regiæ scientiarum Gœttingensis* (1).

---

polonais, aussi bien que des allemans de tous les pays de l'Empire, parce que le choix des professeurs a toujours suivi le mérite et la célébrité. Dans un établissement vraiment européen, toutes les différences de nation à nation disparaissent.

(1) On demandera comment des professeurs, dont la plupart occupent la chaire académique pendant trois ou quatre heures par jour, qui ont beaucoup d'études à faire pour s'y préparer,

: La Société propose chaque année une question à tour de rôle des trois classes, et deux questions de technologie, dont les prix se distribuent au mois de novembre. Le premier est de cinquante ducats, les deux autres de douze.

Il se publie, sous la direction de la Société, et en grande partie par le travail de ses membres, une feuille littéraire fort estimée, dont il paraî[t] trois numéros par semaine. Cette feuille renferm[e] des notices, la plupart très-bien faites, de tous le[s] ouvrages importans, et qui marquent vraiment l[e] progrès des sciences et des lettres, tant allemans [,] que français, anglais, russes, italiens, espagnols [,] enfin, de tous les idiomes anciens et modernes, o[ù] l'on écrit des livres. En outre, cette feuille publi[e] les évènemens les plus marquans arrivés à l'Uni[-] versité ou à la Société des sciences, les trav[au]x de l'observatoire, ainsi que toutes les découverte[s] dignes d'attention.

Outre la Société royale des sciences, Gœttingue en a une autre consacrée à la culture de la langue

qui se livrent en outre à des travaux d'auteurs, trouvent encore le temps d'écrire des mémoires latins pour la Société des scien- ces? — Mais qui sait ce que c'est que vingt-quatre heures bien employées, qu'une journée bien remplie et sans distraction, le comprendra facilement.

et de la littérature nationale , et que fonda en 1739 le philologue *Gesner ;* une académie d'histoire , fondée en 1764 par le profond et méthodique *Gatterer ;* une Société de botanique , et une pour l'art des accouchemens. La feuille littéraire de la Société royale n'est pas non plus le seul journal littéraire qu'ait produit Gœttingue. Depuis les rives du Rhin jusqu'à la Néwa , personne n'a ignoré l'existence de ces célèbres feuilles que publia *Schlœtzer ,* et qui sont restées comme des écrits classiques dans toutes les bibliothèques , sur la politique, la diplomatie , la statistique. A Gœttingue se sont imprimés , et s'impriment encore , beaucoup d'ouvrages périodiques d'un fort grand mérite sur les diverses sciences , sur l'histoire , la théologie et la philosophie (1).

---

(1) *Note de l'éditeur.* On ne peut s'empêcher d'observer le caractère distinctif des *Nouvelles littéraires de Gœttingue ,* journal qui compte sa soixante – dixième année d'existence. Ce n'est pas autant cette universalité qui embrasse la littérature de tous les pays sans exception , que cette modération qui n'a jamais fait prendre à aucune secte savante une prépondérance dans la façon de présenter les objets. On y trouve les diverses révolutions dans les sciences , exposées chacune avec le calme et l'impartialité que leurs auteurs n'eurent jamais ; un seul esprit *pervade* (si on peut le dire) l'ensemble, c'est l'amour des lettres , et la préférence a toujours été pour l'utile permanent , jamais pour le brillant des opinions passagères.

On peut dire que depuis soixante - douze ans d'existence, l'Université de Gœttingue a vu dans son sein quatre générations de ses maîtres se suc-céder. Dans cette série, combien de noms qui figureront à jamais dans les annales de l'esprit hu-main ; combien · d'hommes dont les travaux ònt étendu le domaine de la science ! — *Haller*, physicien, philosophe, poëte, le fondateur de la vraie physiologie, lui qu'on appelle le *Varron* mo-derne, et qui passe, à bon droit, pour l'homme le plus savant qui ait existé. — Le baron de *Mos-heim*, historien profond et classique de l'église (1). — *Heumann*, le premier peut-être qui ait traité avec méthode l'ensemble de l'histoire littéraire. — *Tobie Meyer*, l'inventeur et le calculateur des pré-cieuses *tables lunaires*, qui ont guidé avec sûreté tant de vaisseaux sur l'Océan. — *Rœderer*, de Strasbourg, qui, pendant sa trop courte vie, mit sur la voie de la perfection l'art moderne des ac-couchemens. — *Busching*, un des pères de la bonne géographie, sur-tout pour le nord de l'Eu-rope. — *Gesner*, dont le *trésor* de latinité ne manque dans aucune bibliothèque. — Les juris-consultes, les amis de l'étude, du droit des gens et du droit politique, savent quels éminens ser-

---

(1) *Mosheim* est le seul *chancelier* qu'ait en l'Université de Gœttingue.

vices ont été rendus à ces sciences par *Gebauer,* *Bœhmer* et *Putter.* —— *Achenwall* a créé la *statistique,* qui est devenue indispensable à tous les hommes d'Etat. —— *Michaëlis* a porté une immense lumière dans les antiquités et le droit mosaïque, dans l'étude de l'Orient, dans la critique de toutes les chartes du dogme chrétien et de l'histoire religieuse. —— *Gatterer* a fait époque dans la méthode et l'esprit de la science historique en général. —— *Murray,* compatriote et disciple favori de *Linnée,* dans la botanique. —— *Kœstner,* dans les mathématiques. —— Le spirituel *Lichtenberg,* dans la physique, et *Gmelin,* dans la chimie appliquée aux arts.

Cette liste ne comprend que les créateurs ou les hommes très-éminens, et qui ne sont plus. Il en est beaucoup d'autres, dont les utiles ouvrages ne seront pas oubliés par la postérité. Et combien n'aurions-nous pas à nommer, si nous ne nous étions fait une loi de garder le silence sur la génération dernière, celle qui vit et fleurit encore, dont la réputation nous intéresse de plus près, et dont les travaux nous sont contemporains ! Mais qui dans l'Europe, prenant une part un peu active à la culture de l'esprit, ne connaît les travaux classiques de ces hommes, qui comme physiciens et astronomes, critiques et historiens, philosophes et jurisconsultes, sont placés par l'estime du monde savant aux rangs les plus honorables ? Trois d'entre eux sont associés à l'Institut de France (1), et beaucoup d'autres, sans doute, méritent de l'être.

Dans ce nombre cependant il en est deux dont il est impossible de taire ici les noms. Ces dignes vétérans de la science appartiennent par leur âge à la génération précédente ; et quoique les lettres attendent d'eux encore d'éminens services, ceux qu'ils ont déjà rendus suffisent pour illustrer la plus longue carrière.

L'un est M. *Heyne*, depuis quarante-cinq années professeur d'éloquence, conservateur en chef de la bibliothèque, et depuis presque le même temps secrétaire perpétuel de la Société des sciences, rédacteur de la feuille littéraire, chargé de détails et de travaux auxquels on ne conçoit pas qu'une seule vie puisse suffire. On sait ce qu'il a fait, ce qu'il a écrit ; le citer, c'est assez le louer. Il a révélé aux temps modernes les temps anciens, leurs langues, leur esprit, leur littérature, leurs fables, leur religion, leurs mœurs et leurs arts. Il fut l'ami

---

(1) M. *Heyne*, associé étranger de la troisième classe ; Messieurs *Blumenbach* et *Gauss*, correspondans de la première.

et

et l'émule de *Winkelmann.* C'est dans son école que s'est consommée l'alliance du goût le plus parfait, avec les études critiques les plus profondes.

L'autre est M. de *Schlœtzer*, qui, depuis près de quarante ans, après en avoir passé plusieurs comme académicien à Pétersbourg, professe à Gœttingue l'histoire, la politique et la statistique (1). L'influence que ce puissant génie a exercée sur le fond et la forme de ces sciences en elles-mêmes, sur la foule de ses auditeurs, parmi lesquels il peut compter tant d'hommes d'état, de ministres et de souverains; celle enfin qu'il a exercée sur le public entier et sur l'opinion de sept ou huit nations des plus considérables de l'Europe : cette influence est prodigieuse, et sera remarquée par l'histoire. Récemment encore, il a porté la lumière dans les plus anciennes annales de la Russie; et le Chef auguste de cet empire a reconnu un aussi important service par des honneurs et des récompenses, dont la gloire réjaillit également sur le savant et sur le monarque. (2).

---

(1) Il reçut le dépôt de cette nouvelle science de celui qui venait de la tirer du chaos, de son maître et son ami *Achenwall.* Elle ne pouvait tomber en de plus habiles mains, et plus capables de l'enrichir et de la développer.

(2) Après avoir parlé des maîtres, il faudrait peut-être citer les disciples qui ont le plus honoré cette école; mais le dé-

7

Il est à peine besoin d'ajouter que cette réunion successive de professeurs et d'écrivains du premier mérite a produit une multitude d'écrits utiles aux sciences, et qui en ont ou accru le domaine, ou perfectionné les méthodes. Presque tous ont publié, pour l'usage de ceux qui suivent leurs cours, des ces Manuels (*Compendium*) où chaque science se trouve dessinée avec tant d'exactitude et de clarté; où tous les secours, tous les livres qui en traitent, sont rangés par ordre ; genre d'ouvrages qu'on connaît peu dans les pays qui n'ont pas d'Universités. —— Mais combien d'autres écrits classiques, et faits pour tout le public européen, ne sont pas dûs aux grands maîtres de Gœttingue, depuis l'*Histoire* de *Mosheim,* la *Physiologie* de *Haller,* les *Tables* de *Tobie Mayer ,* jusqu'à ceux qui se composent encore aujourd'hui ; par exemple, la grande *Histoire des sciences et des arts, depuis leur renaissance jusqu'à la fin du dix-*

---

nombrement en serait trop étendu. Cependant il est digne de remarque , que les deux hommes distingués à qui les deux Princes Français qui règnent sur des peuples d'origine germanique, le roi de Hollande et le roi de Westphalie, ont confié, dans leurs Etats, la direction des sciences et de l'instruction publique , M. *Meerman-van-Dalem* et M. de *Müller* , ont été formés tous deux et en même temps à l'Université de Gœttingue; et que leurs talens divers se sont particulièrement développés , l'un en écoutant les leçons de *Heyne* , et l'autre celles de *Schlœtzer.*

huitième siècle ? —— L'idée , le plan et l'entreprise de cet immense ouvrage , dont il a déjà paru environ soixante volumes , appartiennent à M. *Eichhorn*, savant aussi distingué par l'étendue, la profondeur et la variété de ses connaissances , que par la justesse et la sagacité de ses vues. Toutes les parties de cette encyclopédie historique (1) ne sont pas également bien traitées , mais plusieurs en sont excellentes, et les autres offrent au moins des matériaux précieux aux écrivains , qui , par la suite , seront appelés à les refaire.

La littérature allemande a le renom en général d'une érudition fort solide. Les ouvrages qui sortent de Gœttingue, en particulier , passent pour avoir ce caractère en un degré éminent. Il n'en faut pas chercher d'autre cause que la belle bi-

____

(1) Les principales qui se subdivisent , et auxquelles d'autres peuvent se joindre , sont : une *histoire générale* (qui sert comme de péristile à tout l'édifice) *de la culture intellectuelle.* —— L'histoire des *beaux-arts.* —— Celles des *belles-lettres.* ——De la *philologie* , de l'étude des *classiques* , etc. —— Des *sciences historiques.* —— De la *philosophie.* —— Des *mathématiques.* —— De l'*art militaire.* —— De la *physique.* —— Des *sciences naturelles,* de l'*œconomie* , de la *technologie* (ou science des arts mécaniques), des sciences d'*œconom politique* , de *finances,* etc. ——De la *médecine.* —— De la *jurisprudence.* —— De la *théologie.*

bliothèque qu'y a fondée la munificence de l'ancien gouvernement hanovrien, et qui s'est accrue sans cesse des productions littéraires de tous les pays. Cette bibliothèque n'est point ancienne; elle a peu ou point de manuscrits, peu ou point de curiosités typographiques. Ce n'est pas là son genre de luxe. Elle est destinée à l'usage habituel, à l'étude de toutes les branches du savoir humain; et c'est pour ce but qu'elle est admirablement disposée. Il est quatre à cinq bibliothèques en Europe qui peuvent l'emporter sur celle de Gœttingue par le nombre des volumes; mais celle-ci a deux avantages majeurs, par lesquels elle l'emporte sur toutes les autres.

L'un consiste dans le choix exquis et dans l'universalité des livres recueillis indistinctement dans tous les idiomes. Ici la littérature allemande n'a aucune préférence sur la française, l'italienne, l'anglaise, la russe, la suédoise. En quelque lieu et en quelque langue qu'un bon ouvrage ait été écrit, on le trouve ici à son rang. La bibliothèque de Gœttingue est la plus cosmopolite qui existe. Elle est un beau symbole de cette vérité, que la culture des sciences rend tous les peuples amis, et que les lettres, si bien appelées par nos pères *humanités*, sont en effet le lien commun de la grande famille humaine.

Le second avantage de cette bibliothèque est son organisation, l'ordre qui y règne, la libéralité tout-à-fait unique avec laquelle l'usage en est facilité aux amis de la science, la perfection de ses immenses catalogues, auxquels plusieurs savans distingués, attachés à ce service, travaillent journellement et sans relâche. Il est incontestable que cette magnifique bibliothèque, si riche en livres imprimés dans tous les pays, en collections de cartes et de gravures, est la première de l'Europe par son organisation, par l'activité, la régularité de son emploi, et enfin par le mérite des hommes qui la dirigent (1).

Le *Musée*, qui offre des collections suffisantes pour les cours d'histoire naturelle, de minéralogie, de description de la terre, de mécanique, d'architecture, etc. (en y comprenant la salle dite *des Modèles*) est sur-tout remarquable par des objets curieux et rares de la Sibérie et des îles de l'Océan

---

(1) C'est l'excellent M. *Reuss* qui, sous l'inspection supérieure de son beau-père, M. *Heyne*, est à la tête de la bibliothèque. Il en fait les honneurs avec la grace affable et naturelle de la vraie bonté. Son affection pour le précieux dépôt qui lui est confié, tourne au profit de ce dépôt et de ceux qui en font usage. M. *Reuss* aime sa bibliothèque comme une patrie, et la connaît comme son ouvrage; on peut dire, à la lettre, qu'il la porte dans sa tête et dans son cœur.

pacifique. Grande partie de ces derniers sont un don du célèbre président de la Société royale de Londres, le baronet *Banks*, et ont été recueillis par le capitaine *Cook*, dans le cours de ses voyages.

Les établissemens qu'on vient de décrire appartiennent au corps entier de l'Université. Nous allons nommer ceux qui dépendent de chaque faculté, en parcourant rapidement le cercle d'activité de chacune (1).

Faculté de THÉOLOGIE.

Dans les attributions et sous l'inspection de cette faculté se trouvent :

L'*église de l'Université*, le service et les fonctions pastorales qui en dépendent, ainsi que pour les hôpitaux.

____

(1) Il n'est question, dans ce qui suit, que des attributions extraordinaires des facultés. Tout ce qui concerne l'enseignement et les cours, les examens et les promotions doctorales, s'entend de soi-même. Chaque faculté a aussi, par an, un prix de vingt-cinq ducats à distribuer sur une question qu'elle propose ; et celle de théologie en adjuge un cinquième de même valeur pour le meilleur sermon prononcé dans l'année par un jeune théologien, dans l'église de l'Université. Les seuls étudians sont admis aux concours qui ont lieu pour ces cinq prix.

Une *maison d'orphelins*, où de jeunes théo-- logiens administrent l'instruction, sous la direction des membres de la faculté.

L'*institut pastoral*, destiné à former des jeunes ecclésiastiques à la pratique des devoirs de leur état futur, comme ministres de la religion.

Un autre institut, dit *séminaire* (1), principalement consacré à l'enseignement pratique de la chaire.

Un institut de *répétiteurs*, qu'on peut regarder comme une école normale pour de jeunes pro-- fesseurs en théologie.

Il convient ici de remarquer, que les facultés de théologie ont été bien souvent appelées à dé- cider, comme une sorte de consistoire suprême, sur des objets qui concernent le culte national en lui-même, ou dans son rapport avec d'autres con- fessions. On sait qu'elles ont été en divers temps consultées par les gouvernemens sur des projets de réunion, sur des mariages, des changemens de

----

(1) Il faut remarquer que ce mot *séminaire* ne désigne rien de semblable à nos séminaires catholiques, pas plus que les cours annuels des professeurs, et qu'on nomme aussi *col- léges*, n'ont de rapport avec ce qu'on appelle colléges en France.

confession, et autres évènemens majeurs, où leurs décisions ont été reçues avec respect.

Faculté de Jurisprudence.

Un usage antique introduit par toute l'Allemagne, la confiance générale qu'inspire un corps d'hommes éclairés et impartiaux, occupés, sans relâche, d'approfondir la science du droit et de l'école, desquels la nation voit sortir tous ses jurisconsultes et ses magistrats, ont fait constamment recourir aux facultés de jurisprudence comme à des tribunaux d'appel, dont les arrêts étaient sanctionnés par les lois de l'empire. Non-seulement les particuliers dans des affaires épineuses, mais des souverains en contestation entre eux, ou avec leurs sujets, ont eu de tout temps un fréquent recours à cet arbitrage, quand les parties en tombaient d'accord. Par cet usage, les facultés de droit sont devenues en effet des justices de paix d'un ordre supérieur. Combien de familles les ont secrétement consultées sur des difficultés de partage ou de succession, et ont évité par-là des litiges peut-être interminables ? Peu de princes ou de villes libres ont fait exécuter une sentence de mort, sans que le procès ait été revu en entier par une et même par plusieurs facultés (tant est grand dans ce pays le respect pour la vie des hommes !) L'activité de ces facultés, ainsi constituées en *colléges* de décisions

uridiques, est d'ordinaire fort grande. Elle donne
ieu aux savans qui professent la science du droit,
e ne pas s'en tenir uniquement à la théorie, mais de
'éclairer continuellement, eux et leurs disciples,
par la pratique des formes et des jugemens. Enfin,
cet établissement peut aussi donner une idée de
l'extrême considération dont les Universités ont
toujours été investies par l'opinion publique de
l'Allemagne.

Faculté de MÉDECINE.

A cette faculté est commis le soin du *jardin
botanique,* qui est bien entretenu, bien ordonné,
et garni de toutes les plantes exotiques et indigènes,
requises pour l'enseignement. Le bosquet qui le
termine, et qui renferme plusieurs arbres rares,
a été planté par *Haller.*

Le *laboratoire,* qui sert aux cours de chimie,
et qui est muni de tous les appareils nécessaires,
dépend aussi de la faculté de médecine, comme
la *pharmacie* de l'Université, et les autres établissemens qui suivent.

Le *théâtre anatomique,* avec tous les ustensiles
et préparations, dont plusieurs encore sont de la
main de *Haller.*

L'*école et la maison d'accouchement,* établissement fort beau et fort utile, dirigé par M. le

professeur *Osiander*, qui y a formé une collection particulière de fœtus et d'embryons humains, est peut-être la plus parfaite et la plus curieuse qui existe (1).

Un *hôpital*, pour la pratique de la médecine et de la chirurgie.

Un *institut clinique*, pour le même but d'enseignement.

Faculté de PHILOSOPHIE.

On se rappelle que cette faculté est aussi celle des sciences physiques, mathématiques, technologiques, des lettres et des arts. En conséquence, voici les divers établissemens qui lui sont affectés.

Un *cabinet de physique* expérimentale, où se trouvent encore quelques instrumens qui ont appartenu à *Tobie Mayer*. (C'est le digne fils de cet illustre physicien qui les emploie aujourd'hui, en professant la même science.)

------

(1) Une collection précieuse, sans doute unique dans son genre, et qui ne doit pas être oubliée ici, c'est celle de crânes humains du célèbre M. *Blumenbach*, qui lui a servi pour la confection de son livre classique *de l'unité et de la variété du genre humain*. On y trouve classées systématiquement des têtes de peuples anciens et modernes, de toutes les parties du globe, depuis Gœttingue jusqu'à Otaïti.

Une collection d'instrumens de mathématiques, parmi lesquels on remarque la machine arithmétique de *Leibnitz*.

L'observatoire, qui renferme plusieurs instrumens précieux, entr'autres un télescope de la main de *Herschel*.

Le *jardin œconomique*, où sont cultivées les plantes du pays, celles qui servent aux manufactures, et les espèces de bois usuelles ; jardin qui est destiné aux cours d'œconomie rurale, d'agriculture, de technologie, de science forestière. (Cet utile établissement est dû au zèle ingénieux de M. *Beckmann*, qui, depuis quarante ans, fait à Gœttingue les cours qui viennent d'être indiqués, et qui long-temps fut le seul qui les fit en Europe. C'est à lui que les sciences œconomiques, aussi bien que la technologie, doivent, et d'immenses accroissemens, et des méthodes si nouvelles, si bien liées, qu'on ne peut lui refuser le titre de créateur en cette partie. Ce n'est pas ici le lieu de citer les autres titres littéraires de M. *Beckmann*, qui le rendent un des hommes les plus remarquables de l'Europe savante.)

Le *séminaire philologique*, établissement qu'on peut regarder comme une excellente école normale pour des professeurs d'humanités, soit à des gymnases, soit à des Universités. Les jeunes sa-

vans qui y ont accès, jouissent, pendant le temps
de leurs études, d'une pension d'à peu près 240
francs. (Le directeur de cet institut est l'illustre
M. *Heyne*, en qualité de professeur d'éloquence.
—— M. *Mitscherlich*, très-habile critique, com-
mentateur d'*Horace*, etc. dirige un second établissement du même genre).

Une *galerie de tableaux*, qui est peu considérable
en elle-même, mais qui le devient par le mérite supérieur du savant et habile artiste qui en est le dépo-
sitaire, M. le professeur *Fiorillo*, que les plus
célèbres académies des arts en Italie et en Allemagne ont placé parmi leurs membres.

Enfin, en combien de circonstances la faculté
de philosophie n'a-t-elle pas rendu aux sciences
des services d'un intérêt général ? Quand le gouvernement danois envoya dans l'Orient l'expédition
littéraire que *Niebuhr* a rendue si célèbre par sa
relation, l'orientaliste *Michaelis* dressa, pour la
guider dans ses recherches, une série de *questions*,
qui sont restées comme un ouvrage classique, et
ont mis sur la voie de plusieurs découvertes. Nombre de voyageurs, qui ont enrichi la géographie
et les autres sciences, se sont formés sous les grands
maîtres de cette faculté de philosophie, comme
le fit, il y a quelques années, le voyageur *Hor-
nemann*. On sait assez quelle influence les orien-

talistes distingués de Halle ont eu sur le succès
des missions évangéliques de l'Inde , dont ils se
sont chargés de rédiger et de publier les travaux.

RÉSUMÉ.

Que conclure de tout ce qui a été dit précé-
demment ? C'est que chaque nation , distinguée
des autres par ses mœurs, sa langue , ses goûts
et ses habitudes, a son caractère , son point de
vue particulier , ses localités inséparables de sa
manière d'être individuelle, et qui ne peuvent se
changer facilement. Les peuples civilisés se parta-
gent les divers genres de gloire, et cultivent à
l'envi les diverses puissances de l'intelligence humaine. L'Italie , les beaux-arts; l'Angleterre , les
arts mécaniques, la politique et le commerce ;
l'heureuse France , les hautes sciences qui donnent
à l'homme comme l'empire et l'usufruit de la nature, avec ce que les arts ont de plus brillant pour
embellir la vie et la semer de jouissances ; l'Allemagne enfin , la profonde érudition, la profonde
pensée, et les sciences qui tendent à l'ennoblissement de l'homme intérieur. Il convient, en obéis-
sant à cette indication de la Providence , de laisser
chacun ce qu'il est, et de l'encourager à marcher
sur la ligne où l'impulsion de sa nature l'a porté.
Le génie propre à l'Allemagne y a introduit un

système d'instruction publique très-bien entendu, et sur-tout des hautes-écoles telles qu'aucun âge ni aucun pays n'en a vues. Le royaume de Westphalie en possède plusieurs des plus célèbres. Ces Universités, placées au centre de l'Europe, semblent destinées à devenir, et sont en effet des instituts auxquels toutes les nations participent et payent tribut ; qui établissent entre elles un lien moral, un point de contact, qui ne peut qu'être avantageux à la civilisation générale. Mais pour qu'elles remplissent leur noble et utile destination, pour qu'elles continuent à rendre à la patrie les services importans et multipliés qu'elle en a toujours reçus, il faut leur laisser leur existence toute entière, leurs moyens physiques, leur autorité, leur liberté et leur considération.

F I N.

TABLE.

FIN DE LA TABLE.

ERRATA.

TABLEAU SCHÉMATIQUE
DES COURS PUBLICS ET PARTICULIERS D'UNE UNIVERSITÉ ALLEMANDE
PENDANT UN SEMESTRE.

I. ENCYCLOPÉDIE ET MÉTHODE DES ÉTUDES.

Cours encyclopédique de littérature générale, de la division, de la répartition, et des rapports des sciences entre elles.

Cours de la méthode à suivre dans les études académiques.

Cours d'histoire universelle de la littérature, des sciences et des arts.

II. PHILOLOGIE.

Histoire générale de la science grammaticale et de l'étude des langues.

Cours de grammaire générale et de méthode.

Cours de la langue arabe et de ses dialectes.

Cours analytique d'hébreu, de syriaque et de chaldéen.

Cours des langues asiatiques du Tibet.

Interprétation critique de la description de l'Égypte, par *Aboulféda*.

Cours approfondi d'hellénisme, avec interprétation critique des deux *Œdipes* de *Sophocle*.

Cours critique et comparatif d'*Hérodote*, de *Thucydide* et de *Xénophon*.

Cours interprétatif de l'Iliade.

Cours interprétatif des Olympiques et des Isthmiques de *Pindare*.

Cours interprétatif des *Nuées* d'*Aristophane*.

Cours approfondi de latin, avec l'interprétation de l'Énéide.

Cours interprétatif du Traité de Cicéron, de la nature des Dieux.

Cours interprétatif des Annales de *Tacite*.

Cours interprétatif des Satyres et Epîtres d'*Horace*.

Cours interprétatif des Poésies de *Tibulle*.

Cours interprétatif et critique du Poème des Argonautes, de *Valerius-Flaccus*.

Plusieurs cours pratiques de composition, de versification et de discours en latin.

Plusieurs cours de langues vivantes : — français, — anglais, — italien. — Des langues du Nord, — russe, — polonais, etc.

III. THÉOLOGIE.

Un cours général d'introduction aux études théologiques, de la méthode et de l'ensemble de la science, des objets qu'elle embrasse, des secours littéraires qu'elle exige.

Histoire générale des religions.

Histoire générale de l'église chrétienne.

Cours d'antiquités hébraïques et ecclésiastiques.

Histoire des dogmes, dans les trois premiers siècles de l'église.

Histoire des principaux Pères de l'église, et des premiers apologistes de la religion.

Histoire de la papauté jusqu'à *Grégoire VII*.

Histoire de la réformation et du concile de Trente.

Statistique ecclésiastique ; rapports des diverses communions entre elles et avec les gouvernemens.

Cours d'introduction générale et particulière, pour l'intelligence des livres, tant canoniques qu'apocryphes de l'ancien Testament.

Cours d'Exégèse, interprétation historique et critique des cinq livres, dits de Moïse.

Cours d'interprétation critique, par rapport à la langue originale, comparée aux autres dialectes orientaux, des principaux Psaumes.

Cours d'interprétation critique, par rapport à l'esprit, aux idées et aux mœurs du temps, du livre de *Job*.

Cours d'interprétation critique, par rapport à la poésie des Hébreux et des autres Orientaux, des prophéties d'*Isaïe*.

Cours d'interprétation critique, par rapport à l'histoire, du premier livre des *Machabées*.

Cours d'introduction générale et particulière pour l'intelligence des livres du nouveau Testament.

Cours d'Exégèse, interprétation historique et critique des trois premiers évangiles.

Cours d'interprétation philosophique et critique des écrits de *S. Jean*.

Cours d'interprétation herméneutique de l'Épître aux Hébreux.

Cours de théologie positive ou dogmatique.

Cours de morale religieuse.

Comparaison historique et philosophique du principe moral de l'évangile, avec les autres systèmes de philosophie morale.

Cours de théologie polémique, et des preuves de la religion chrétienne.

Cours théorique et pratique de l'art de la chaire et des Homélies.

Cours de conduite et prudence pastorale, d'enseignement religieux, de catéchisation, etc.

IV. PHILOSOPHIE, SPÉCULATIVE ET PRATIQUE.

Encyclopédie ou système de toutes les sciences philosophiques.

Histoire générale de la philosophie.

Logique pure et introduction générale à la philosophie spéculative.

Anthropologie et logique.

Cours de métaphysique.

Philosophie transcendentale, critique de la raison pure.

Fondement transcendental de la connaissance par soi-même, et du savoir démontré.

Éthique, ou science théorique des bases de la morale.

Rapport de la philosophie à la religion.

Critique de la raison pratique.

Analyse des passions de l'âme.

Fondement spéculatif du droit.

Droit de la nature et des gens.

Union de la morale et de la politique.

Accord des événemens de l'histoire, avec le plan de la Providence, et avec les principes de la morale universelle.

Esthétique, ou théorie spéculative du sentiment dans les arts d'imagination.

Psychologie empirique, dite idéologie.

Pédagogique, ou science de l'institution de la jeunesse.

V. HISTOIRE ET SCIENCES ACCESSOIRES.

Description des diverses parties du monde, des peuples qui les habitent, et exposé général des connaissances que nous avons aujourd'hui de la terre.

Histoire de l'homme et de la société civile.

Cours d'histoire universelle.

Cours d'histoire ancienne.

Cours d'histoire moderne.

Histoire des anciens Romains.

Histoire de la culture et de la civilisation, depuis la chute de l'empire romain.

Histoire du moyen âge, en particulier depuis Charlemagne jusqu'à la fin des Croisades.

Histoire des trois derniers siècles.

Histoire des principaux États de l'Europe.

Histoire des colonies des Européens dans les deux mondes.

Histoire de l'Empire d'Allemagne.

Histoire de la Maison Teutonique.

Cours d'histoire de France.

Histoire du commerce et de la navigation.

Chronologie tant universelle chronologique de l'histoire.

Cours de géographie ancienne.

Cours de géographie moderne.

Cours de numismatique.

N. B. Pour l'histoire de l'église, voyez la section de théologie ; et pour l'histoire littéraire, celles des sciences et des arts, voyez les autres sections particulières.

VI. SCIENCES POLITIQUES.

Encyclopédie et histoire des sciences politiques.

Cours général de politique et de droit public.

Constitution des principaux États.

Droit des gens comparé, et histoire des traités.

Cours de diplomatie.

Cours d'économie politique.

Science administrative, de police et de finances.

Cours général et méthodique de statistique.

Statistique des différens États de l'Europe et de leurs colonies.

Statistique des États de la confédération du Rhin, et en particulier du royaume de Westphalie.

Cours d'académique, ou art de voyager et d'observer en homme d'État.

VII. JURISPRUDENCE.

Cours général d'introduction, ou d'encyclopédie, et de méthode de la jurisprudence.

Histoire littéraire de la jurisprudence.

Histoire et antiquités du droit romain.

Interprétation générale du droit romain, réduit en système.

Cours d'enseignement des Pandectes.

Cours d'enseignement des Institutes.

Cours théorique de la propriété et de la possession.

Suite de la JURISPRUDENCE.

Cours de droit féodal.

Cours de droit coutumier.

Droit commun d'Allemagne.

Droit civil, suivant le nouveau Code.

Code de procédure civile.

Cours des droits des hypothèques.

Cours du droit de tutelle et curatelle.

Cours de jurisprudence criminelle.

Cours du droit du commerce et du change.

Cours de police et de jurisprudence médicales.

Histoire du droit ecclésiastique chez les catholiques et les protestans.

Cours de droit canon, ou ecclésiastique.

Plusieurs cours de pratique juridique, dans les diverses parties.

VIII. SCIENCES MATHÉMATIQUES.

Encyclopédie et histoire des sciences mathématiques.

Cours de mathématiques pures.

Cours de mathématiques appliquées.

Hautes-mathématiques, analyse et calcul infinitésimal.

Cours d'algèbre appliqué à la géométrie.

Cours de mécanique et d'hydrostatique.

Cours d'astronomie.

Cours d'optique.

Art de l'arpenteur et de l'ingénieur-géographe ; tracé des plans et des cartes.

Arithmétique politique, économique et commerciale.

Art militaire, fortification, tactique.

IX. SCIENCES PHYSIQUES.

Encyclopédie et histoire générale des sciences naturelles.

Cours de théorie de la physique.

Cours de physique expérimentale.

Élémens généraux et théoriques de physique et de physiologie.

Cours d'anatomie et de géographie physiques.

Géologie et météorologie.

Exposition des plus nouvelles découvertes en physique et en chimie.

Histoire et théorie de la chaleur.

Cours de chimie expérimentale.

Chimie appliquée aux arts et à la science économique.

Cours d'histoire naturelle générale.

Histoire naturelle des minéraux et minéralogie.

Variété et unité de l'espèce humaine.

Histoire naturelle des animaux domestiques, en particulier du cheval.

Oryctologie d'Europe, d'Amérique, et des îles de la mer du Sud.

Cours de botanique.

Botanique forestière et économique.

Cours de métallurgie.

Science des mines et métallurgie.

X. MÉDECINE, CHIRURGIE ET PHARMACIE.

Encyclopédie et histoire des sciences médicales.

Influence de l'esprit de système sur la méthode et la pratique des sciences médicales.

Philosophie et anthropologie médicales.

Explication des aphorismes d'*Hippocrate*.

Cours général d'anatomie.

Cours de lymphatologie.

Ostéologie et syndesmologie.

Cours de névrologie.

Cours de biologie et d'anatomie comparée.

Cours de pathologie.

Cours de nosologie et de thérapeutique.

Cours de séméiotique.

Cours de diététique.

Cours de matière médicale.

Traitement des maladies psychologiques.

Cours de clinique interne.

Art des accouchemens et maladies des enfans.

Cours des maladies du sexe.

Maladies vétérinaires.

Cours de chirurgie et de médecine opératoire.

Cours de clinique externe.

Cours pratique de chirurgie et d'emploi des instrumens.

Démonstration de bandages et appareils.

Cours d'ophthalmologie.

Cours sur la manière de procéder dans les hôpitaux militaires, et sur la conduite d'un chirurgien en campagne.

Cours de pharmacie.

Démonstration des drogues usuelles, et formation des recettes.

Démonstration des poisons et matières vénéneuses.

Histoire de l'art vétérinaire.

Cours de médecine vétérinaire.

XI. TECHNOLOGIE. ÉCONOMIE, etc.

Histoire des arts mécaniques, et des découvertes en technologie.

Cours de technologie démonstrative et pratique des arts et métiers.

Cours d'économie rurale et d'agriculture.

Cours de science forestière.

Cours d'architecture technique.

Cours de mécanique appliquée aux usines, construction de moulins, etc.

Histoire du commerce, et géographie commerciale.

Science du commerce, et tenue des livres à parties doubles.

XII. BELLES-LETTRES ET BEAUX-ARTS.

Encyclopédie et histoire générale des belles-lettres et beaux-arts.

Esthétique appliquée, théorie positive de la poésie et des beaux-arts.

Histoire de l'éloquence et de la poésie chez les anciens.

Histoire de la décadence des lettres et des arts chez les Grecs.

Histoire de la poésie allemande au moyen âge, et interprétation des vieux poètes de Souabe.

Histoire de l'éloquence et de la poésie modernes.

Histoire de la littérature française.

Interprétation critique de quelques-unes des principaux drames de *Shakespeare*.

Poétique d'*Aristote*, comparée aux principales poétiques modernes.

Principes généraux du style pour les différens genres.

Cours de poésie et de versification.

Cours de lecture et de déclamation pour la chaire et pour la tribune.

Archéologie, histoire de l'art chez les anciens.

Histoire de l'art moderne, peinture, sculpture, glyptique, architecture.

Cours pratique des arts du dessin.

Cours de belle architecture.

Cours théorique et pratique de musique.

OBSERVATIONS.

On n'a pas compris dans ce tableau des cours publics et privés, les cours préparatoires, qui sont aussi nombreux. Parmi ceux qui se trouvent indiqués ici, il en est beaucoup qui ne manquent jamais de se faire à la fois par divers professeurs, comme celui des *pandectes* dans la jurisprudence, etc. ; de telle sorte qu'en un semestre, on peut compter au-delà de deux cents cours dans une bonne Université. — Ces cours ne sont pas tous constamment les mêmes. L'enseignement complet de chaque science demande plusieurs semestres consécutifs. Les cours qui paraissent dans ce tableau, sont pris au hasard, et diffèrent de ceux d'un tableau suivant. Ainsi un habile restaurateur Parisien sait varier sa carte suivant les saisons. — Au reste, l'ordre ici adopté pour les sciences n'est pas le même dans le catalogue de toutes les Universités. Il en est qui, sans s'astreindre à aucun ordre de ce genre, rangent le catalogue de leurs cours par Facultés. Ce point est arbitraire, et importe peu à l'enseignement. L'Université de Gottingue, par exemple, publie toujours deux catalogues, l'un en latin, et l'autre en allemand ; le premier est classé par facultés, l'autre par sciences, suivant un ancien usage.